果実

細川亜衣

果実は幸福のしるし。
少女時代、しばらく暮らした北の地で、さくらんぼうの木によじ登り、口いっぱいにその実を頬張った。
幸せだった。
幸せで、幸せで、枝の上で私はのぼせ上がった。
誰にも取られたくなかった。
まだ口の中に残っているのに、次から次へと、まあるい赤い実をもいでは小さな口に放り込んだ。
あれから私は、いつか、自分の家の庭に果物の木を植えたいと願うようになった——

目次

黄色い柑橘のサラダと牡蠣とふきのとう揚げ｜柑橘 ─── 10
いちごのリゾット｜いちご ─── 12
あさりとアーモンドのスープ｜アーモンド ─── 14
ヘーゼルナッツのパンフリット｜ヘーゼルナッツ ─── 16
キウイと緑の野菜のサルモリッリオ｜キウイ ─── 18
松の実と生ハムの上海風｜松の実 ─── 20
鶏だんごとはまぐりの塩レモン煮｜レモン ─── 22
ナッツ御前 ─── 24
 ごまみそ汁｜ごま
 松の実ごはん｜松の実
 クレソンとピスタチオの白あえ｜ピスタチオ
揚げじゃがいももち、ココナッツがけ｜ココナッツ ─── 28
たことケッパーベリーのサラダ｜ケッパーベリー ─── 30
トマトとナッツのビャンビャン麺｜ナッツいろいろ ─── 32
きゅうり愛玉子｜愛玉子 ─── 34
晩柑とかれいの南蛮漬け｜晩柑 ─── 36
メロンのボウル｜メロン ─── 38
鯛とごまの冷やし水餃子・梅だれ｜ごま ─── 40
いんげんとピスタチオの茴香風味｜ピスタチオ ─── 42
きくらげとくるみの冷菜｜くるみ ─── 44
赤い魚とパイナップルの鍋｜パイナップル ─── 46
水前寺菜とわかめのかぼすびたし｜かぼす ─── 48
赤なすとブルーベリーのマリネ｜ブルーベリー ─── 51
ぶどうのがり風｜ぶどう ─── 54
えごまのおにぎり、えごまの葉の重ねあえ｜えごま ─── 56
翡翠豆腐｜シークワーサー ─── 58
小玉すいかの前菜｜すいか ─── 60
ビーツとすもものサラダ｜すもも ─── 62
桃とチーズのクランペット｜桃 ─── 64
プルーン酢豚｜プルーン ─── 66
さばと青柚子のしゃぶしゃぶ｜青柚子 ─── 68
ゴーヤのドルマ｜カレンツ、松の実 ─── 70
トマトと赤いベリーのスープ｜ベリー ─── 72
梅干しのスパゲッティ｜梅干し ─── 74

料理名	食材	ページ
鶏肉とマカデミアナッツの包み焼き	マカデミアナッツ	76
干し杏のヨーグルトディップ	干し杏	78
麻の実と芥子の実のピデ	麻の実、ケシの実	80
牛肉とマンゴーの焼きトマトだれ	マンゴー	82
かつおとさくらんぼう、山椒の香り	さくらんぼう	84
やりいかのパッションフルーツソース	パッションフルーツ	86
赤パプリカのざくろ煮	ざくろ	90
鶏肉のグリーンオリーブ煮	オリーブ	92
きのことごまのスープ	ごま	94
焼きなすのくるみソース	くるみ	96
アボカドの玉手箱	アボカド	98
むかご・銀杏・パンプキンシード揚げ、スパイス風味	むかご、銀杏	100
いちじくの落花生みそ	いちじく	102
梨とれんこんのあえもの	梨	104
柿とごま豆腐の揚げ物	柿	108
揚げにんじんと干し柿のサラダ	干し柿	110
ブロッコリーとカリフラワーのシチリア風	干しぶどう、松の実	112
落花生豆漿風	落花生	114
糸こんにゃくの辛いごまだれあえ	ごま	116
鯛と塩柚子のタジン風	柚子	118
カカオとドライフルーツとナッツのクスクス	ドライフルーツ、ナッツ	119
栗だご	栗	122
豚肉のレモン塩釜焼き	レモン	125
小みかんのサラダ	みかん	128
さといもとかぼちゃとピーカンナッツのカナッペ	ピーカンナッツ	130
りんごのピッツァ	りんご	132
焼きバナナのチーズフォンデュ	バナナ	134
黒揚げ	ごま	136
豚肉とカシューナッツの腐乳蒸し	カシューナッツ	138
きんかんと不知火の蒸しずし	きんかん	140

材料の分量と計量について

・表記のあるもの以外はおおよそ4人分の量を示しています。
・食材の分量はあくまで目安ですので適宜調節してください。
・分量を示していないものはすべて「適量」です。
・果実の甘みは個体によって差がありますので、味見をしながら調節してください。
・ナッツは、塩など無添加のものを使っています。
・1カップ＝200ml、1合＝180ml、大さじ1＝15ml、小さじ1＝5mlです。

黄色い柑橘のサラダと
牡蠣とふきのとう揚げ

材料

黄色い柑橘(晩白柚、文旦、パール柑、せとかなど)
―――――――― 正味約400g
牡蠣―――――――――― 約20杯
ふきのとう―――――――― 約15個
片栗粉

小麦粉
揚げ油
青山椒
ペパーミント
粗塩

作り方

黄色い柑橘は薄皮までむき、器に盛って冷やしておく。
牡蠣は全体に片栗粉をまぶし、ひだの間も軽くなでるようにしてきれいにする。
流水で片栗粉を洗い流したら、水気を拭き取り、
キッチンペーパーで包んで網にのせ、冷やしておく。
ふきのとうはかたい部分があればのぞいておく。
揚げ油を鍋に入れて中火で熱する。
ボウルに冷水:小麦粉:片栗粉=2:1:1を入れて軽く混ぜ、ふきのとうにまぶす。
中火でかりっとするまで揚げたら油を切る。
続いて牡蠣にも衣をまぶして揚げ、油を切る。
皿に柑橘の葉を敷き、揚げたての牡蠣とふきのとうを盛る。
粗塩をふり、青山椒を挽く。
黄色い柑橘にペパーミントの葉を散らし、粗塩をふって添える。

・黄色い柑橘独特の爽やかさと、牡蠣の風味がとてもよく合う。
・牡蠣は片栗粉のかわりに大根おろしをまぶしたり、3%の塩水の中でふり洗いしてもよい。

いちごのリゾット

材料

いちご(完熟) —————— 600g	パルミジャーノ・レッジャーノ —— 20g
米 ————————— 200g	ブロード ———————— 1000g以上
オリーブ油 ——————— 40g	こしょう
バター ———————— 40g	塩

作り方

いちごはへたを取り、ひとくち大の乱切りにする。
ブロードを入れた鍋は弱火にかけて温めておく。
平鍋を中弱火で熱してオリーブ油を入れ、
米を入れて木べらでつぶさないように炒める。
米がパチパチと歌うようになったら塩をして、いちごの半量を加え軽く混ぜる。
熱いブロードを米がしっかりかぶるくらいまで加え、中弱火で煮る。
水分が減ってきたらまた熱いブロードを加え、鍋底から大きくひと混ぜする。
常にブロードが米にかぶっている状態を保つように、
時々ブロードを加えながら煮る。
米により煮える時間に差があるが、約15分煮て、
米がアルデンテになる少し手前で火を止める。
冷たいバターとパルミジャーノ・レッジャーノのすりおろしを加え、
つやが出るまで手早くかき混ぜ、塩味をととのえる。
温めた皿にリゾットを盛り、残りのいちごを散らし、挽きたてのこしょうをふる。

- ブロードの取り方＝鶏ガラはよく洗い、血合いや脂をのぞいて鍋に入れる。たっぷりの水を入れて強火にかけて沸かす。あくをのぞき、乱切りにした香味野菜(玉ねぎ、にんじん、セロリ、ねぎ、にんにくなど)、ハーブ(パセリ、バジリコ、ローリエ、タイム、オレガノなど)、粒こしょうを加え、ふつふつとごく軽く沸騰する火加減で煮る。あくをひきながら2〜3時間煮て、十分なうまみが出ていたら目の細かい網で漉す。
- いちごはオリーブ油、こしょう、ワインビネガー、バルサミコ、フレッシュチーズ、赤身肉、白身魚、赤玉ねぎなどととても相性がよい。生のままと火を通した場合とではまったく違う個性になるので、素材と調理法をうまく組み合わせて料理に生かしていきたい。

あさりとアーモンドのスープ

材料

あさり————————400g
アーモンド———————約40粒
にんにく————————1かけ
水——————————400g
〈スープ〉
アーモンドプードル—————80g
水——————————400g
塩

作り方

あさりはよく洗ってバットに入れる。
海水程度の塩水にひたして新聞紙などをかぶせ、半日ほどおいて砂抜きする。
アーモンドは170℃の予熱なしのオーブンで10〜15分、うっすら色づくまで炒る。
アーモンドの粗熱が取れたら縦に細長く切る。
アーモンドプードルのスープを作る。
アーモンドプードル、水、塩少々を鍋に入れて5分ほど中弱火で煮る。
あさりを流水でよく洗い、別の鍋に入れる。
皮と芯をのぞいてつぶしたにんにく、アーモンドの半量、水を加え、
ふたをして強火にかける。
あさりの口が開き始めたらあくをのぞき、アーモンドプードルのスープを加える。
ひと煮立ちしたら塩味をととのえ、温めた器によそう。
上から残りのアーモンドを散らす。

・アーモンドプードルとアーモンドは、スペイン産またはイタリア産のものを使うと断
　然香りがよい。

ヘーゼルナッツのパンフリット

材料

強力粉 ———————— 100g	〈仕上げ〉
ドライイースト ———— 0.8g	ヘーゼルナッツ
塩 ——————————— 2g	ヘーゼルナッツペースト
水 ——————————— 60g	パルミジャーノ・レッジャーノ
オリーブ油 ————— 10g	粗塩

揚げ油(米油+オリーブ油)

作り方

生地を作る。ボウルに強力粉、ドライイースト、塩を入れて混ぜる。
中心をくぼませ水を少しずつ入れて混ぜ、最後にオリーブ油を加えてまとめる。
木の台やまな板の上に移してしっかりとこねる。
表面がすべすべになったら丸め、継ぎ目を下にしてボウルに入れる。
ラップをかけてあたたかいところ(27〜30℃くらい)で1時間ほど、
倍の大きさに膨らむまで発酵させる。
中心を軽くげんこつで押してガスを抜き、台の上に移す。
転がして直径5cmほどの棒状にし、ナイフやカードで4分割する。
両手で生地のまわりを包み込むように丸め、継ぎ目を下にして形をととのえる。
オーブンシートを敷いた台に間をあけて並べ、
ボウルをかぶせてあたたかいところに置く。
30分ほどして生地が倍の大きさになったら、揚げ油を鍋に注ぎ、中火で熱する。
生地を入れたら中弱火にし、中まで火が通るようにじっくりと揚げる。
下面が色づいたら裏返し、浮かないように軽く押さえながら、
全体がまんべんなくきつね色になるまで揚げる。
油を切り、ヘーゼルナッツペーストを回しかけた皿の中心に盛る。
パルミジャーノ・レッジャーノを薄く削り、
ヘーゼルナッツの粗みじん切りを散らし、粗塩をふる。

- ヘーゼルナッツペーストは日本では手に入りにくいので、ピーナッツペーストとピーナッツの組み合わせで作ってもおいしい。

キウイと緑の野菜のサルモリッリオ

材料

キウイ
緑の野菜（ここではズッキーニ、芽キャベツ）
〈サルモリッリオ〉
イタリアンパセリ――――――20g
オレガノ（乾燥）――――――小さじ½

にんにく――――――――――小1かけ
レモン汁――――――――½個分（約25g）
オリーブ油――――――――――50g
熱湯―――――――――――大さじ1
塩

作り方

サルモリッリオを作る。
イタリアンパセリはごく細かいみじん切りにし、ボウルに入れる。
指先でもんだオレガノとつぶしたにんにく、塩を加える。
レモン汁をしぼり、オリーブ油と熱湯を順に加え、
泡立て器でなめらかになるまでよく混ぜる。
しばらくおいて味と香りがなじんだら、にんにくを除く。
ズッキーニはほどよい歯ごたえが残る厚みになるよう、縦に切る。
芽キャベツは底に十字の切り込みを入れ、冷水につけておく。
蒸気の上がった蒸し器にズッキーニと芽キャベツを入れ、色よく蒸す。
キウイは皮をむき、横半分に切る。
皿にキウイ、蒸したての緑の野菜を盛る。
サルモリッリオをかけ、粗塩をふって供する。

- サルモリッリオは、イタリア・シチリア島の伝統的なソースで、本来はカジキマグロや青魚、肉などのグリルにかけて食べることが多い。たいていの魚介類や肉類とは相性がよく、他にもなすやパプリカのグリル、ゆでたじゃがいもや緑の野菜、ゆで卵などとも合う。
- キウイを料理に使う時は、甘酸っぱい香りと種の食感を生かすようにしている。緑の野菜のほか、いかやたこ、ミントなどととても相性がよい。

松の実と生ハムの上海風

材料

生ハム(厚切りにしてもらったもの)——20g
松の実————————20g
ごま—————————20g
ごま油——————小さじ½

作り方

生ハムはごく細かい賽の目に切る。
松の実は予熱なしの170℃のオーブンで、10分炒る。
ごまはほうろくや鍋で炒る。
生ハム、冷ました松の実とごま、ごま油をボウルに入れてよくあえる。
混ぜたものがちょうど入る、直径5cmくらいの小鉢や茶碗などに隙間なく詰める。
上からしっかりと押しつけ、盛り皿を逆さにしてのせ、返してそっと器を外す。

- 上海では金華ハムを使うが、日本では手に入りにくいので、イタリアやスペイン産の生ハムで作るとよい。
- そのままれんげですくって前菜として食べるほか、ごはんや豆腐、おかゆなどにのせてもおいしい。

鶏だんごとはまぐりの塩レモン煮

材料

はまぐり————————20個	〈煮汁〉
〈鶏だんご〉(約12個分)	水————————800g
鶏ひき肉————————200g	酒————————50g
新玉ねぎ————————100g	塩レモン————4切れ(½個分)
しょうが————————20g	塩
塩レモン————————20g	〈仕上げ〉
油揚げ————————80g	パセリ
卵————————½個(25g)	小ねぎ

作り方

はまぐりは洗ってバットに入れ、
海水程度の塩水につけて新聞紙などをかぶせ、砂抜きする。
砂を吐いたら水を捨て、よく洗う。
鶏だんごを作る。
新玉ねぎ、しょうが、塩レモン、油揚げはみじん切りにする。
鶏ひき肉に刻んだものと卵を加えてよく混ぜる。
2本のスプーンを使って生地を小さなレモン形にまとめ、バットに並べる。
土鍋に水と酒、塩レモンを入れて沸かし、中火で鶏だんごをゆでる。
鶏だんごが浮いてきたら、はまぐりを加え、あくを除く。
はまぐりの口が開いたら、汁の味を見て塩味をととのえる。
パセリのみじん切りと小ねぎの小口切りを散らす。

- 塩レモンの作り方＝レモンはくし形に切り、種を除く。レモンの重さの20％の粗塩を用意する。瓶または密閉容器にレモンと粗塩を交互に入れ、最後に塩をかぶせる。ふたをして、時々瓶をふり、塩をなじませる。塩が溶け切ったら冷蔵庫で保存する。塩が溶けたら使える。色は変わるが、1年以上古漬けにしたものは独特の香りがして、別のおいしさがある。

ナッツ御膳

ナッツ御膳

ごまみそ汁

材料

太ごぼう ———— 8cm	白ごま ———— 大さじ4
昆布といりこの水だし —— 800g	しょうが ———— 1かけ
みそ ———— 適量	白ねりごま ———— 大さじ2

作り方

ごぼうは皮を軽く洗い、1cm厚さの輪切りにする。
鍋に昆布といりこの水だし、ごぼうを入れて、ふたをして中火にかける。
煮立ったら火を弱め、ごぼうの芯が柔らかくなるまでふたをしたまま煮る。
白ごまを香ばしく炒り、しょうがはすりおろす。
汁にみそを溶き、弱火でしばらく煮てごぼうにみその風味をなじませる。
ごぼうを椀に盛り、鍋に残った汁に白ねりごまを加えて混ぜる。
ごぼうの椀に汁を張り、半ずりの白ごまをかけ、
しょうがのすりおろしを天盛りにする。

- ここではごく太いごぼうを使ったため輪切りにしたが、細ければぶつ切りにしてすりこぎで軽く叩くとよい。
- ごぼうの他、大根、かぶ、さといも、れんこんなどで作ってもおいしい。
- 昆布といりこの水だしの取り方＝容器に昆布15g、いりこ30gを入れ、水1500gを注ぐ。ふたをして冬は冷暗所または冷蔵庫で1〜2日、夏は冷蔵庫でひと晩ひたしておく。十分に旨味が出ていたら漉す。余ったら、小分けにして冷凍保存するとよい。

松の実ごはん

材料

米 ———— 2合
松の実 ———— ¼カップ (約30g)
粗塩

作り方

米はとぎ、ざるに上げて30分以上おく。
鍋に米、松の実、米と同量の水を入れてふたをし、中火にかける。
沸騰したらごく弱火にして15分炊く。
最後5秒ほど強火にし、火を止めて5分蒸らす。
さっくりと混ぜて茶碗に盛り、粗塩をふる。

- 松の実のかわりにごまやカシューナッツで作ってもおいしい。また、その他いろいろなナッツをたっぷりと混ぜて炊くナッツごはんは、カレーとの相性がとてもよい。

クレソンとピスタチオの白あえ

材料

木綿豆腐 ——— 200g	酢 ——— 大さじ1
クレソン ——— 80g	酒
ピスタチオ ——— 20g	塩
しいたけ ——— 8枚	

作り方

木綿豆腐は数枚重ねたキッチンペーパーで包み、30分ほどおいて水切りする。
（前日の豆腐であれば、芯が熱くなるまでゆでてから、水気を切っておく）
クレソンは洗って冷水につけておく。
塩をきかせた湯でクレソンをさっとゆで、盆ざるに上げる。
水気をしぼらずに細かい小口切りにする。
しいたけは熱した焼き網に軸を上にしてのせ、傘に酒を落とす。
こんがりと焼けたら石突きを除き、手で食べやすい大きさに裂く。
すり鉢にピスタチオを入れて粗くすり、半分を仕上げ用に取り分けておく。
水切りした豆腐、塩をすり鉢に加えてなめらかになるまであえる。
しいたけと酢を加えてさらにあえ、塩味をととのえる。
器に盛り、仕上げ用のピスタチオを散らす。

- クレソンのかわりに、春菊やみつばなど、香りのよい青菜であれば何を使ってもよい。
- 青い菜っ葉とピスタチオの緑のグラデーションが綺麗だが、ナッツはごま、落花生、松の実、カシューナッツなどでもおいしい。

揚げじゃがいももち、ココナッツがけ

材料（6個分）

〈生地〉
じゃがいも――――――200g
強力粉――――――――50g
ドライイースト――――2.5g

揚げ油（ココナッツオイル、菜種油、米油など）
ココナッツフレーク――――大さじ2
ガラムマサラ――――――ひとつまみ
粗塩

作り方

じゃがいもは皮ごと蒸す。
熱いうちに皮をむき、ボウルに入れてすりこぎなどでまんべんなくつぶす。
粗熱が取れたら、強力粉とドライイーストを加えて軽くこねる。
ラップをしてあたたかいところ（27〜30℃くらい）で1時間ほど、
倍の大きさになるまで発酵させる。
生地を6等分して、2本のスプーンで丸くなるようにすくい、
中火で熱した油で揚げる。
下の面においしそうな色がついたら裏返し、全体がきつね色になるまで揚げる。
油を切って皿に盛り、ガラムマサラ、粗塩をふり、ココナッツフレークをかける。

・じゃがいもは、メークインなどつるんとした食感のもので作ると、もっちりと仕上がる。
・スパイスは、ガラムマサラの代わりにクミンやコリアンダーだけでもおいしい。
・ココナッツフレークの代わりに、青のり、すりごま、すりえごまなどをまぶしてもよい。

たことケッパーベリーのサラダ

材料

ゆでだこ (刺身用) ——— 200g	コリアンダー ——— ひとつかみ
レタス (ここではアイスバーグ) ——— 1個	ケッパー (塩漬け) ——— 20g
〈ソース〉	オリーブ油 ——— 大さじ4
緑パプリカ (または肉厚のピーマン) ——— 200g	白ワインビネガー ——— 大さじ2
新玉ねぎ ——— 100g	〈仕上げ〉
イタリアンパセリ ——— ひとつかみ	ケッパーベリー (酢漬け) ——— 8個

作り方

ゆでだこはさっと洗って水気を拭き、冷やしておく。
レタスは1枚ずつはがし、洗って冷水にしばらくつける。
パリッとしたらサラダスピナーで水気をしっかりと切って冷やしておく。
ソースを作る。
緑パプリカはへたと種をのぞき、手で小さくちぎる。
新玉ねぎは粗みじん切りにし、冷水にしばらくさらしてから水気をしっかりと切る。
イタリアンパセリとコリアンダーは粗みじん切りにする。
ケッパーは塩をつけたまま、粗みじん切りにする。
刻んだものをすべてボウルに入れ、オリーブ油と白ワインビネガーであえる。
ゆでだこをそぎ切りにして、レタスと合わせて皿に盛る。
ソースをかけ、ケッパーベリーを枝つきのまま散らす。

- ケッパーは、地中海沿岸からイラン高原、アフガニスタン一帯に自生するつる性の常緑小低木で、粘土質の丘陵地の岩場などに見られる。そのつぼみを開花よりもかなり早く小さなうちに収穫し、塩漬け、あるいは塩漬けのあと酢漬けにして保存食とする。ケッパーベリーは、花が咲いたあとにできる実で、酢漬けにされる。
- 緑のソースは、たこ以外にも、あらゆる魚介類の刺身と相性がよい。ものによってはゆでたり、焼いたものとも合う。また、赤身肉や鶏肉のグリル、半熟卵、オムレツ、さまざまな具材の揚げ物に添えてもさっぱりといただける。

トマトとナッツのビャンビャン麺

材料

〈麺〉
強力粉　　　　　　　　200g
水　　　　　　　　　　約90g
塩　　　　　　　　　　4g
〈具〉
トマト、プチトマト　　600g
トマトペースト　　　　大さじ2
にんにく　　　　　　　1かけ
赤唐辛子
酢
塩
菜種油
〈ナッツオイル〉
ナッツいろいろ
菜種油

〈仕上げ〉
小ねぎ
粗挽き唐辛子
しょうゆ
好みの香草

作り方

麺を作る。ボウルに強力粉を山にし、水と塩を加えて箸で混ぜる。
生地が重たくなったら、木の台やまな板などに移してこねる。
表面がすべすべになったら、ボウルをかぶせて30分ほど休ませる。
4等分した生地に打ち粉をして麺棒で2mm厚さに伸ばし、約4cm幅に切る。
生地の両端を軽く引っぱり1mm厚さに伸ばして、布の上に広げておく。
具を作る。フライパンに油を引き、つぶしたにんにくを入れ、
香りが出たらトマトペーストを加える。
適当な大きさに切ったトマトとプチトマトと刻んだ赤唐辛子を入れて炒め、
柔らかくなったら酢と塩を加える。
湯を沸かし、麺をゆでる。
ナッツオイルを作る。粗く刻んだナッツを小鍋に入れ、
菜種油をひたひたに注いで薄く色づくまで弱火にかける。
温めた鉢にトマト炒めを盛り、湯をざっと切った麺を盛る。
小ねぎの小口切りと粗挽き唐辛子をふり、熱々のナッツオイルをかける。
卓上でしょうゆ少々と千切った香草を散らしてよく混ぜる。

- ここではナッツはアーモンド、パンプキンシード、ピスタチオ、ごま、くるみ、カシューナッツを使った。香草はペパーミント、コリアンダー、クレソン、ディルを使ったが、他にバジリコ、フェンネル、えごま、しそ、山椒などもよい。
- ビャンビャン麺は中国・陝西省で作られている手打ちの幅広麺。

きゅうり愛玉子

材料

きゅうり ———————— 2本
酢 ———————————— 20g
きび砂糖 ——————— 5g
塩
愛玉子 ———————— 5g
水 ———————————— 250g

作り方

きゅうりはピーラーで皮をむき、さらにピーラーで薄く削る。
ボウルに酢、きび砂糖、塩を入れて混ぜたところにきゅうりをひたして冷やす。
愛玉子は、お茶やだし用のパックを2重にしたところに入れ、
分量の水を入れたボウルに浸してもむ。
ぷるんとしたら、冷やしておいた器によそい、きゅうりを甘酢ごと盛る。

- 愛玉子はクワ科イチジク属のつる性植物。台湾北部の山間地に自生しており、台湾固有の植物である。熟すと裂け、ペクチンを多く含むジャムのような物質の中にごく小さな種子(植物学上はこの個々の粒が果実そのもの)がたくさん含まれている。この種子を乾燥させたものを、ゼリー状のデザートを作る際に用いる。愛玉子という名前の由来は、実を水の中でもむと固まる性質を発見した人が、愛娘の名前「愛玉」にちなんでつけたものとされている。

晩柑とかれいの南蛮漬け

材料

晩柑 ——————— 2個
かれい（切り身）——————— 200g
片栗粉
揚げ油
赤玉ねぎ ——————— ¼個
唐辛子（赤・青）——————— 各1本
青唐辛子酢 ——————— 大さじ1
魚醤 ——————— 大さじ1

作り方

晩柑は、1個は実をなるべくくずさないように、薄皮までむく。
もう1個は横半分に切り、果汁をしぼっておく。
赤玉ねぎは薄切りにし、唐辛子は種ごと小口切りにする。
晩柑の汁に、赤玉ねぎ、唐辛子、青唐辛子酢、魚醤を加えて混ぜる。
かれいは塩（分量外）をふり、30分ほどおく。
ペーパーで水気を拭き取り、片栗粉をまぶす。
揚げ油を熱して中火でかれいを揚げ、全体にうっすらと色づいたら油を切る。
器にかれいと晩柑の実を盛り、混ぜた汁をかけて冷蔵庫で冷やす。
数時間からひと晩おいて、味をなじませる。

- 晩柑の爽やかで、おだやかな酸味は料理に生かしやすい。実が柔らかく、果汁がとても多いので、熊本では"ジューシーフルーツ"とも呼ばれている。
- 晩柑がない時は、日向夏、甘夏、夏みかんなど、爽やかな初夏の柑橘を使うとよい。
- かれいのかわりに鯵や鰯などの青魚で作ってもおいしい。
- 青唐辛子酢の作り方＝青唐辛子は洗ってへたを取り、ざるに広げて水気をしっかりと切る。キッチンペーパーなどでさらに水分を取って瓶に詰め、好みの酢（米酢、白ワインビネガーなど）をかぶるくらいに注いで冷蔵庫で保存する。数日経って青唐辛子の色が褪せたら使い始める。

メロンのボウル

材料

メロン―――――――――中½個
とうもろこし――――――½本
新しょうが――――――――1かけ
ライムまたはすだち
粗塩

作り方

メロンはよく冷やしておく。
とうもろこしは生のまま実を外して冷やしておく。
メロンを半分に切って種を取り出し、切り口を上にして皿に盛る。
取り出した種のまわりの汁を濾し、冷やしておく。
新しょうがの半分はみじん切りに、もう半分はすりおろす。
ボウルにとうもろこしの実、メロンの種のまわりの汁、
新しょうがのみじん切りとすりおろしをしぼった汁、粗塩を加え混ぜる。
くり抜いたところに混ぜたものを盛る。
果肉の部分にライムまたはすだちの汁をしぼり、粗塩をふる。

- メロンのボウルには、とうもろこしのほか、塩ゆでした枝豆や、アボカドを賽の目に切ったものなどを組み合わせてもよい。いずれの場合にも、新しょうがや青い柑橘を添えるとメロンの香りが引き立つ。

鯛とごまの冷やし水餃子・梅だれ

材料（約32個分）

餃子の皮 ———— 32枚	ごま油 ———— 小さじ2
〈具〉	酒 ———— 小さじ2
鯛（刺身用）———— 200g	〈梅だれ〉
きゅうり ———— 2本	梅肉 ———— 20g
ピーマン ———— 4個	酢 ———— 10g
しそまたはえごま ———— 4枚	梅酢 ———— 10g
しょうが ———— 1かけ	ごま油 ———— 10g
白すりごま ———— 20g	白ごま ———— 10g

作り方

具を作る。きゅうりとピーマンはへたや種をのぞいてから
小口切りにし、2％の塩（分量外）をまぶす。
しばらくおいて水分が出てきたら、しっかりと絞る。
鯛の刺身は薄切りにし、塩もみのきゅうりとピーマン、しそまたはえごまの千切り、
しょうがのみじん切り、白すりごま、ごま油、酒とよく混ぜ、
使うまで冷やしておく。
餃子の皮に具を小さじ1ほどのせ、
端に水をつけて穴があかないようにしっかり閉じる。
たっぷりの湯を沸かして餃子をゆでる。
再沸騰してしばらくしたら、ざるですくって氷水を張ったボウルに取る。
（中の具は半生でもよいので、皮に火が通るくらいで上げる）
ぬるくなったら氷を足してしっかり冷やす。
器に盛り、さらに氷をところどころにのせ、水をひたひたに張る。
たれの材料をよく混ぜ、小皿に入れて添える。

- 冷やし水餃子には梅だれ、と決めている。梅の酸っぱさが具の味を引き立ててくれることもあるが、梅肉のおかげでたれにほどよいとろみがつき、氷水で冷やした水餃子にも味がからみやすくなる。
- 水餃子の具は、いかや海老、あるいは鶏ひき肉でもおいしい。

いんげんとピスタチオの茴香風味

材料

いんげん―――――――――200g
モロッコいんげん―――――200g
ピスタチオ――――――――50g
フェンネルシード――――小さじ¼
揚げ油(米油、菜種サラダ油など)
粗塩

作り方

いんげんとモロッコいんげんはへたを取る。
揚げ油を中火で熱したところに入れ、表面に軽くしわが寄るまで揚げる。
ピスタチオとフェンネルシードを細かく刻む。
揚げたいんげんの油を切って器に盛り、ピスタチオ、フェンネルシード、粗塩をふる。

- いんげんやモロッコいんげんの他に、オクラ、なす、甘長唐辛子、ズッキーニなどを素揚げにして組み合わせてもよい。
- ピスタチオのかわりにカシューナッツや松の実を使ってもよい。
- ピスタチオは、シチリアやイランのものは、美しく鮮やかな緑色で、甘みやこくも強い。私は、その色を生かして、緑色の食材と合わせるのが好きだ。アボカドとの相性もとてもよい。刻んだピスタチオを皮をむいたアボカドに散らし、オリーブ油と粗塩をふるだけでもよい前菜になる。

きくらげとくるみの冷菜

材料

きくらげ(乾燥) ——— 20g	菜種油
くるみ ——— 8個	きび酢
小ねぎ ——— 数本	薄口しょうゆ
赤唐辛子 —— 2本(1本は花椒唐辛子油用)	粗塩
花椒	香菜

作り方

きくらげはボウルに入れ、冷水にひたしておく。
やわらかくなったらざるに上げ、湯を沸かしてゆでる。
再沸騰したらざるに上げ、しっかりと水気を切る。
くるみは熱湯につけ、冷めたら薄皮をむく。
小ねぎは緑色のところを斜め切りにする。
ボウルにきくらげ、くるみ、小ねぎを入れておく。
小鍋に赤唐辛子1本と、花椒を入れ、菜種油をかぶるくらいまで注ぐ。
弱火にかけ、花椒が浮いて熱々になったらきくらげのボウルに油を漉してかける。
ざっとあえ、種ごと小口切りにした赤唐辛子、きび酢、薄口しょうゆ、
粗塩を加えてさらにあえる。
器に盛り香菜を散らす。

- 生きくらげを使う時は、水で戻さずそのまま30秒ほど沸騰した湯でゆでる。
- イタリアの森で、大きなくるみの木からもいだ完熟の生くるみの味が忘れられない。しっとりした果肉からは噛むうちにミルクのような風味がにじみ出てくる。生のものは産地以外では手に入りにくいが、なるべく新鮮なものを選んで刻んだりペーストにするなど、料理に合わせて様々な楽しみ方がある。くるみはナッツの中でも特に酸化しやすいので、使う前にかじってみて、嫌な香りがしないか確かめて使うようにする。

赤い魚とパイナップルの鍋

材料

〈汁〉

赤い魚

赤玉ねぎ ──────── 1個

にんにく ──────── 1かけ

しょうが ──────── 1かけ

レモングラスの葉

パイナップル ──────── 1/4個

トマト(完熟) ──────── 大4個

魚醤

〈具の野菜〉

おくら

空芯菜

〈仕上げ〉

レモン

好みの香草
(香菜、ディル、小ねぎ、バジリコ、ミントなど)

作り方

パイナップルは葉と皮を落とし、芯はのぞいて取り置き、実は薄切りにする。
トマトは乱切りにする。
魚は熱湯にさっとくぐらせてから流水で洗う。
鍋に水をたっぷりと張り、赤玉ねぎの薄切り、丸のままのにんにく、
ぶつ切りのしょうが、レモングラスの葉、パイナップルの芯を入れて沸かす。
トマトとパイナップルの実を入れて5分ほど強火で煮る。
浮いてくるあくは随時すくう。
魚醤を加え、ほどよい塩気をつける。
鍋に魚を加える。
おくらは萼のまわりを外し、空芯菜はかたい部分を折る。
卓上で鍋を火にかけ、おくらと空芯菜を適宜入れ、さっと煮る。
魚と野菜と汁をめいめいの器によそい、レモン汁をかけ、香草をちぎる。

- パイナップルは、肉を柔らかくするといった科学的な理由はさておき、魚介や肉類と組み合わせると、独特の酸味と甘みが料理を個性的なものにしてくれる。この鍋は、かつてベトナムの方から習った"金目鯛とパイナップルの鍋"を思い出して作ったのだが、あらためてパイナップルの料理における重要な役割について考えさせられた。
- 赤い魚はここでは金目鯛を使った。他にあこう鯛、のどぐろ、かさご、いとよりなど。大きな魚はアラを、小さな魚は丸のまま使う。

水前寺菜とわかめのかぼすびたし

水前寺菜とわかめのかぼすびたし

材料

水前寺菜 ───────── 1把
わかめ(刺身用) ────── 100g
かぼす ────────── 1個
かつおと昆布のだし ─── 100g
薄口しょうゆ ────── 大さじ1
酒 ──────────── 大さじ1

作り方

水前寺菜は洗って冷水にひたしておく。
たっぷりの湯を沸かし、塩(分量外)を入れて水前寺菜をゆでる。
色鮮やかになったら、盆ざるに上げて水気を切る。
わかめは洗って食べやすい長さに切る。
かつおと昆布のだしをバットに入れ、薄口しょうゆと酒を加え混ぜる。
適当な長さに切った水前寺菜とわかめをひたす。
かぼすをごく薄い輪切りにして種をのぞき、
落としぶたをする要領で水前寺菜とわかめの上にのせる。
冷蔵庫で1時間以上冷やして味をなじませる。
供する前にざっくりと混ぜ、味が薄くなっていたら薄口しょうゆで味をととのえる。

- 水前寺菜は熊本では肥後野菜のひとつとして数えられ、金沢では金時草、沖縄ではハンダマと呼ばれている。葉の裏が赤紫色をしているので、柑橘や酢であえると綺麗な紫色に変わる。
- かぼすは大分県の名産品だが、実際に大分を訪れるとそこかしこにかぼすの木があり、鈴なりに実がなっているのを見て、なんとも涼やかな気持ちになった。すだちに比べるとまろやかな酸味で、たっぷりと果汁が取れるので、穏やかに酸を効かせたい時や、さんまといえばかぼす、など、王道の組み合わせの料理には欠かさないようにしている。黄色く完熟したかぼすもまた香りよく、冬の料理に活躍してくれる。

赤なすとブルーベリーのマリネ

材料

赤なす──────────────2本
ブルーベリー ──── マリネ用40g＋仕上げ用100g
赤ワインビネガー──────────大さじ2
塩
オリーブ油
粗塩

作り方

赤なすは、丸のまま蒸気の立った蒸し器に入れ、強火で10〜15分蒸す。
串を刺し、芯まで柔らかくなったら火を止めて蒸し器から取り出し、冷ます。
へたと皮をのぞき、縦半分、横半分に切ってバットに並べる。
マリネ用のブルーベリーを手でぎゅっとつぶし、汁だけを搾ってかける。
塩と赤ワインビネガーを加えて全体に混ぜ、
数時間からひと晩、冷蔵庫でよく冷やす。
汁ごと器に盛り、仕上げ用のブルーベリーを散らす。
オリーブ油をまわしかけ、粗塩をふる。

- 水分の多い赤なすがこの料理によく合うが、他の種類のなすを使ってもよい。なすにより、蒸し時間が異なるので、串を刺してみて柔らかくなったら蒸し器から取り出す。
- ブルーベリーは色や食感の似ているなすと合わせるのが好きだが、豚肉や牛肉との相性もよく、手でつぶしたブルーベリーでマリネした塊肉をローストにし、冷たいブルーベリーのサラダを添えると素敵な夏のおもてなしになる。

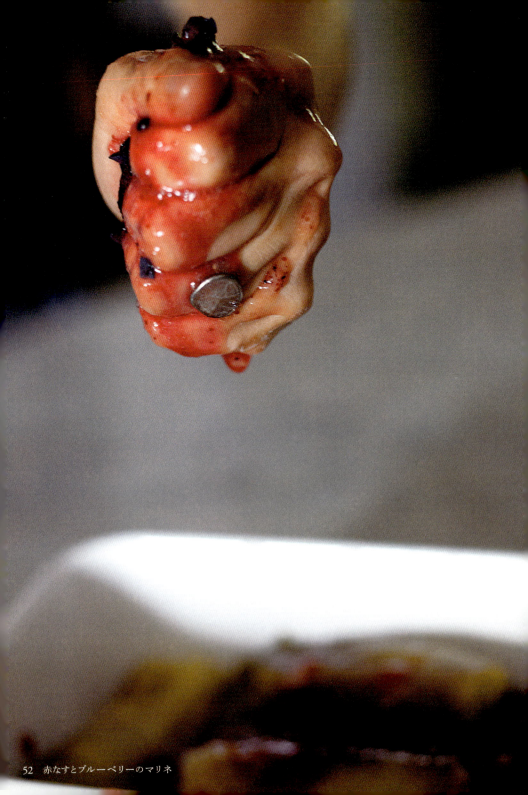
赤なすとブルーベリーのマリネ

ぶどうのがり風

材料

ぶどういろいろ
米酢
梅酢
新しょうが

作り方

ぶどうは実を外して縦半分に切り、あれば表面に見えている種を取る。
米酢、梅酢でほどよい酸味と塩気をつけ、よく冷やしておく。
供する前に新しょうがをすりおろし、汁だけを加え混ぜ、
全体にほんのりとした香りをつける。
冷やしておいた器に盛る。

- ぶどうは皮ごと食べられるものがよい。ここではピオーネ、レディフィンガー、甲斐路、シャインマスカットを使った。
- 梅酢は食材に酸味と塩味を同時につけられるので重宝な調味料である。梅酢がなければ塩で味をつける。
- ぶどうは熱を入れる料理にも適している。リゾットやピッツァのほか、湯むきした実をさっと炒めてビネガーやワインでソースにし、肉や魚のソテーに合わせてもおいしい。

えごまのおにぎり

材料（小12個もしくは大10個分）

米	2カップ
えごま	大さじ6
塩	小さじ1.5

作り方

米は同量の水で炊き、蒸らす。
えごまはほうろくや小鍋に入れて中強火にかけ、
鍋を揺すりながらぱちん、と弾けるまで炒る。
熱いうちにすり鉢でよくする。熱々のごはんでおにぎりをにぎる。
すったえごまと塩を混ぜて皿に入れ、おにぎり全体にまぶす。

- すりえごまが手に入れば、そのまま使う。
- すりえごまと粗塩を熱々のごはんにかけるよりも、おにぎりにまぶす方が断然おいしい。まんべんなく、たっぷりとまぶすこと。

えごまの葉の重ねあえ

材料

えごまの葉
えごま
えごま油
しょうゆ

作り方

えごまの葉にえごま油、しょうゆ、すったえごまを少しずつかけながら重ねる。
最後に炒ってから軽くつぶしたえごまをたっぷりとかける。

- おにぎりと重ねあえを交互に食べるとおいしい。

翡翠豆腐

材料

豆腐	大1丁

〈緑の野菜 ここでは以下のもの〉

ゴーヤ	小¼本
甘長唐辛子	1本
オクラ	4本
きゅうり	½本

香草（ここでは香菜。ほかにディル、ミントなど）

緑の柑橘（ここではシークワーサー。ほかにすだち、かぼす、へべすなど）

菜種油（香りのやさしいもの）

粗塩

作り方

豆腐はよく冷やしておく。

供する前に水気を切り、鉢に盛る。

緑の野菜は必要に応じて種やへたなどをのぞいてから、すべて薄切りにし、全体の2%の塩（分量外）をまぶす。

しばらくして野菜の水分が出てきたら水気を切り、豆腐の上に盛る。

菜種油をたっぷりと回しかける。

香草の葉先を摘み、はさみで粗く刻んで散らす。

緑の柑橘を半分に切って、ぎゅっとしぼり、粗塩をふる。

- 豆腐は木綿、絹、ざる豆腐など、好みのものを。
- 香菜のかわりに、ディルやミントを組み合わせてもよい。
- 上にのせる野菜は1種類でも数種類でもよい。苦みや粘りのある野菜が入るとおいしい。
- 香りのやさしい菜種油が手に入らない時は、太白ごま油を使う。
- 緑の柑橘はそれぞれ香りや酸味などが異なるが、土地や季節に応じて手に入るもので作ればよい。料理をする時に、これがないと同じ味にはならない、と考えずに、これを使ったらこうなる、と捉えると楽しくなる。日々の料理は、発見の連続だ。

小玉すいかの前菜

材料

すいか

青唐辛子

ブッシュバジル

青唐辛子酢または香りのよいワインビネガー

オリーブ油

粗塩

作り方

すいかはよく冷やしておく。

3cm厚さの輪切りにし、皿に盛る。

青唐辛子を小口切りにし、すいかの上に散らす。

青唐辛子酢を回しかける。

ブッシュバジルの束を中心に盛り、オリーブ油を回しかけ、粗塩をふる。

- ブッシュバジルは葉が小さくて柔らかなバジル。小玉すいかにのせるハーブは、他にコリアンダーやミント、ディルなどもとても相性がよい。1種類だけでなく、数種類のハーブを混ぜるのもまた楽しく、ハーブの花が咲く頃には、花も一緒に散らすと美しく、香りもよい。たくさんのハーブを使う時は、この料理を"小玉すいかのハーブ畑"と呼んでいる。
- 小玉すいかは近年実のみずみずしさも甘みも安定し、また、1人で輪切りにして食べるのにちょうどよい大きさだが、大きなすいかで作る場合は、すいかを丸のまま冷やしておき、食卓にそのままの大きさで出すとたいそう盛り上がる。ハーブの枝を入れたグラス、オリーブ油の瓶、ビネガーの瓶、粗塩の瓶を一緒に並べ、食卓で切り分けたすいかに、各自でハーブを散らし、調味料を好き好きにかける、そんなダイナミックな前菜も夏の食卓にぴったりだと思う。

ビーツとすもものサラダ

材料

ビーツ ————————— 2個
すもも ————————— 大2個
赤玉ねぎ ———————— 20g
赤ワインビネガー ———— 大さじ2
ケッパーの塩漬け ——— 10粒
ペパーミント
オリーブ油
粗塩

作り方

ビーツは葉がついていれば落とし、丸のまま鍋に入れる。
水をたっぷりかぶるくらい注ぎ、酢（分量外）を適量加えて強火にかける。
煮立ったら火を弱め、1時間ほどかけてゆでる。
串がすっと通るくらいまでゆだったら、ゆで汁の中で冷めるまでおく。
赤玉ねぎはみじん切りにして水にさらしてから水気を切り、
赤ワインビネガーであえる。
ケッパーの塩漬けは、塩を洗わずに粗みじん切りにする。
ビーツの皮をむき、1cm弱の輪切りにする。
すももは種をのぞき、ビーツと同じ厚さに切る。
皿にビーツを盛り、さらにすももを重ねて盛る。
赤玉ねぎの酢漬け、ケッパーの塩漬け、ペパーミントの葉を散らし、
オリーブ油を回しかける。

- すももは、あまり柔らかすぎず、かつ酸味と甘味のあるもので作るとおいしい。ソルダムなど、中まで赤いものだとより鮮やかになる。
- ケッパーの塩漬けの代わりに、酢漬けのケッパーと粗塩で代用してもよい。

桃とチーズのクランペット

材料

〈生地〉

薄力粉	50g
強力粉	50g
ドライイースト	0.5g
きび砂糖	5g
塩	ひとつまみ
牛乳	140g

〈仕上げ〉

チーズ(今回はチェダー)	40g
桃	1個
バター	40g
油(米油または太白ごま油)	
粗塩	
こしょう	

作り方

牛乳以外の生地の材料をボウルに入れて、泡立て器でよく混ぜる。
常温に戻しておいた牛乳を注ぎ、なめらかになるまで混ぜる。
ラップをしてあたたかいところ(27〜30℃くらい)に30分ほど置いてから、
冷蔵庫でひと晩発酵させる。
生地が倍の大きさになり、ぶくぶくと泡が立ったら底から軽く混ぜる。
フライパンを中火で温め、薄く油を塗る。セルクルの内側にも油を塗る。
フライパンを濡れ布巾に取り、セルクルを中心に置いて再び弱火にかける。
生地をセルクルの中に流して平らにならし、くずしたチーズを埋め込む。
ふたをしてごく弱火で3分ほど焼く。
下面を持ち上げて、おいしそうな焼き色がついていたらセルクルごと裏返す。
ふたをしてもう片面も弱火で3分ほど焼く。
焼いている間に桃をくし切りにし、皮をむく。
生地に串を刺して何もついてこなければ、小さなナイフなどで生地のまわりを
一周させてセルクルを外し、温めた皿に盛る。
冷たいバターの薄切りと桃をのせ、残りのチーズをすりおろし、
粗塩をふり、こしょうを挽く。

- 他のどんな果物もそうだが、桃もそのまま丸かじりする以上のおいしい食べ方はないと思っている。しかし、その滴る果汁や、芳しさ、甘みを生かして、香りのよいオリーブ油と合わせたパスタや、バターで炒めてチーズで香りをととのえたリゾットなどを作ってみると、やはり桃だなあと、一目置いてしまうのである。

プルーン酢豚

材料

豚ばら薄切り肉 —— 200g	〈合わせ調味料〉
ドライプルーン —— 12個	黒酢 —— 20g
プルーン —— 5個	しょうゆ —— 20g
なす —— 2本	酒 —— 20g
片栗粉	黒砂糖 —— 2g
揚げ油(米油、菜種油など)	

作り方

ドライプルーンは、かたければひたひたの水につけて柔らかくしておく。
豚ばら薄切り肉は長いものは10cmほどに切り、
重ならないようにバットに並べる。
豚肉の手前にドライプルーンを丸ごと(大きければ適当な大きさに切る)のせ、
くるくると巻き、片栗粉をまぶして手の中できゅっと握るようにして
形をととのえる。
なすを大きめの乱切りにし、揚げ油を中火で熱し、ほんのり色づくまで揚げる。
続いて豚肉を揚げ、かりっとしたら油を切って揚げ網に取る。
プルーンは縦半分に切り、へたと種をのぞく。
フライパンに合わせ調味料を入れて中火にかける。
小さな泡が立ってきたら揚げた豚肉とプルーンを入れて全体にからめる。
最後になすを加えてさっとあえる。

- プルーンのかわりに杏やすももで作ってもよい。
- なすのかわりにピーマンや甘長唐辛子を入れてもよい。
- プルーンやいちじくしかり、ぶどうや杏しかり、生と乾燥ではまったく違う魅力がある果実は多い。それぞれのよさを生かして、同じ料理の中に組み合わせてみるのも面白いと思う。(79ページ"干し杏のヨーグルトディップ"参照)

さばと青柚子のしゃぶしゃぶ

材料

さば(刺身用)　　大1尾	青柚子
昆布　　約10cm	柚子こしょう
酒　　½カップ	しょうゆ
大根　　½本	

作り方

さばは三枚下ろしにして骨を抜き、冷やしておく。
卓上にのせられる鍋に水を8分目まで入れ、昆布を入れてしばらくおく。
昆布が広がったら弱火にかけ、昆布が浮き上がってきたら引き上げる。
強火にして酒を入れて煮立てる。
さばは1cm弱の厚さに切り、皿に盛る。
大根は皮をむき、半量は繊維にそって千切り、
半量は鬼おろしにして別々の器に盛る。
鬼おろしに青柚子の皮をすりおろす。
皮をおろした後の青柚子を切ったものと、柚子こしょうはそれぞれ小皿に盛る。
めいめいの取り鉢に鬼おろし、柚子こしょう、しょうゆを少しずつ入れ、
青柚子をしぼる。
鍋を卓上コンロなどにのせ、強火にかける。
煮立ったら大根の千切りをひとつかみ入れ、
さばを1切れ、箸で挟んだまま鍋の中で煮る。
さばの色が変わったら大根とともに鉢に取り、食べる。

- ごく新鮮なさばが手に入らない時は、ぶりや白身魚で作る。
- 魚のしゃぶしゃぶは、強火で煮ないと生臭さが出るので火加減に注意する。
- 長崎のさば料理の店で食べた"さばのしゃぶしゃぶ"が気に入って、この料理を作るようになった。青柚子は九州では柚子こしょうを作るのには欠かせないものだが、アジアの南の方の料理を思い出してみても、不思議と青い柑橘と青唐辛子というのはよく合う。一方、黄色く熟した柑橘は、同じように赤く熟した唐辛子と相性がよい。未熟なものは未熟なもの同士、一方、熟したものは熟したもの同士が合うということか。

ゴーヤのドルマ

材料（8個分）

ゴーヤ ———————— 約2本	カレンツ ———————— 20g
プチトマト ———————— 8個	松の実 ———————— 20g
〈詰め物〉	粗塩
牛もも肉 ———————— 150g	こしょう
プチトマト ———————— 100g	オリーブ油
玉ねぎ ———————— 100g	〈仕上げ〉
にんにく ———————— 1かけ	イタリアンパセリ ———————— 数本
イタリアンパセリ ———————— たっぷり	レモン ———————— 1個
ミント ———————— たっぷり	

作り方

ゴーヤは端を落としてから5cm長さに切り、種をくり抜く。
詰め物を作る。牛もも肉、玉ねぎ、にんにく、
イタリアンパセリ（茎ごと）、ミント（葉のみ）はそれぞれみじん切りにする。
プチトマトは賽の目に切る。
ボウルに刻んだもの、カレンツ、松の実を入れ、粗塩をふり、こしょう、
オリーブ油を加え混ぜる。
ゴーヤの一方の穴をふさぐようにプチトマトを詰める。
プチトマトを詰めた方を下にして、詰め物をこんもりと詰める。
すべてのゴーヤがほどよく入る大きさの鍋にオリーブ油を引き、並べる。
水を鍋底1cmくらいのところまで注ぎ、隙間にゴーヤの端っこを入れる。
ふたをして中火にかけ、煮える音がしてきたら弱火で30分蒸し煮にする。
ゴーヤにすっと串が通るくらいまで柔らかくなったら火を止める。
汁ごと皿に盛り、イタリアンパセリのみじん切りを散らし、レモンをしぼる。

- ドルマはトルコやギリシャ、中東諸国で広く作られている野菜の詰め物料理。刻んだ肉、トマト、香味野菜などを塩漬けにしたぶどうの葉やキャベツの葉、中をくりぬいたピーマンやなすに詰めて蒸し煮にしたもの。肉のかわりに米を入れることもある。中にカレンツと松の実を入れるのは定番。
- まわりに水を注ぐかわりに、完熟のトマトを適当に切って煮るのもおいしい。

トマトと赤いベリーのスープ

材料

トマト（できれば完熟を丸のまま冷凍したもの）——— 800g
ジューンベリー ——————————— 400g
ラズベリー ————————————— 400g
オリーブ油
粗塩

作り方

トマトは冷凍の場合は水につけて皮をむき、生の場合は湯むきをする。
へたをのぞき、乱切りにして鍋に入れる。
軸を取ったジューンベリーも加える。
オリーブ油を回しかけ、粗塩をふり、ふたをして中火にかける。
全体が柔らかくなったら、火を止めて冷ます。
ラズベリーの半量を手で軽くつぶして加え、やさしく混ぜる。
スープ皿に盛り、残りのラズベリーを散らし、
オリーブ油を回しかけ、粗塩をふる。

・トマトは完熟のものを丸ごと冷凍しておくと、水に放っただけですぐに皮がむけ、加熱するととろりとした食感になるため、スープ作りに最適である。
・ベリーを加えることでトマトの青臭さが消え、ベリーの柔らかな香りが混じり合う。

梅干しのスパゲッティ

材料(1人分)

梅干し ——————————— 1個
スパゲッティ(太め) ————— 100g
オリーブ油 ————————— たっぷり
パルミジャーノ・レッジャーノ
粗塩

作り方

梅干しは種を外し、果肉を細かく叩く。
ボウルに入れ、オリーブ油を加えてよく混ぜる。
スパゲッティをゆでる鍋に水を張り、梅干しの種を入れて沸かす。
粗塩を入れ、スパゲッティをゆでる。
スパゲッティがほどよい固さになったらトングですくい、
ソースのボウルに入れる。
ゆで汁を適宜加えながら混ぜ、全体に艶が出るように、
必要であればオリーブ油を足し、乳化するようによくあえる。
温めた皿に盛り、パルミジャーノ・レッジャーノをすりおろす。

・梅干しは、昔ながらの酸っぱくて塩のきいたものを使う。
・太めのスパゲッティのほか、リングイネで作ってもおいしい。

鶏肉とマカデミアナッツの包み焼き

材料

鶏もも肉	200g
マカデミアナッツ	50g
きくらげ(生)	50g
玉ねぎ	½個
にんにく	1かけ
しょうが	1かけ
香菜	数本
レモングラスの茎	数本分
干しあみ	5g
魚醤	小さじ1
塩	
こしょう	
葉蘭または大きな笹の葉	約8枚

作り方

鶏肉は皮と脂を除き、1cm大に刻む。
マカデミアナッツは、半分に切る。
きくらげは千切りにする。
玉ねぎ、にんにく、しょうが、香菜の葉(ついていれば根も一緒に使う)、
レモングラスの茎はみじん切りにする。
すべてをボウルに入れ、干しあみ、魚醤、塩、こしょうを加えてよく混ぜ、
4等分にする。
葉蘭または笹の葉2枚を十字にして重ね、中心に具をのせてなるべく薄く、
四角く形を整える。
具をのせた葉の両側を折りたたみ、さらに下の葉できっちりと四角い形に包む。
ラフィアやたこ糸などで葉が外れないようにしっかりと結ぶ。
中火で熱したフライパンに入れ、ふたをして焼く。
下面がこんがりとしたら裏返し、中まで火が通るように弱火でじっくりと焼く。

- 鶏肉の代わりに豚肩ロース肉、白身魚などを使ってもよい。
- マカデミアナッツの代わりに、カシューナッツや松の実を使ってもよい。
- 中国雲南省で食べたバナナの葉の包み焼きをヒントに生まれた料理。バナナの葉は日本では手に入りにくいので、葉蘭や笹の葉を利用するとよい。

干し杏のヨーグルトディップ

材料

〈ディップ〉
干し杏 ──────── 40g
水切りヨーグルト ──── 大さじ6
にんにく ──────── 少々
塩

〈仕上げ〉
杏 ─────────── 4個
シナモン
粗塩

作り方

ディップを作る。

干し杏は賽の目に刻む。

干し杏、水切りヨーグルト、にんにくのみじん切り、塩をよく混ぜる。

杏はよく冷やしておき、割れ目のところに切り込みを入れて半割りにし、種をのぞく。

皿に杏の切り口を上にして盛り、くぼみにディップをのせる。

シナモンを削り、粗塩をふる。

- 水切りヨーグルトの作り方＝厚手のキッチンペーパーを敷いたざるにプレーンヨーグルトをのせて包み、冷蔵庫でひと晩おいて水切りをする。出てきた水分（乳清）は、ピデ（80ページ）やスープの水分として利用する。
- 杏のかわりにプルーンとドライプルーン、いちじくと干しいちじくを組み合わせてもよい。
- 夏のトルコで木になっている杏をもいで食べた時、その濃厚な香りと水っぽくない食感に驚いた。道端でドライフルーツを売っている屋台を覗くと、からからに干された杏は、日本で売っているものと比べると小さくて、茶色くて、あまりおいしそうに見えなかったが、食べてみてまた驚いた。中国の西安の田舎町で食べた干し杏も素晴らしかった。私も庭に杏を植えたが、毎年1つしか実がならず、食べても水っぽいだけでお世辞にもおいしいとは言えない。湿度の高い熊本では栽培に向かない果実なのだろう。杏に限ったことではないが、果実の味はある程度産地で決まると言ってもいい。

麻の実と芥子の実のピデ

材料

〈生地〉
おから————————100g
強力粉————————200g
ドライイースト————4g
塩——————————4g
乳清————————120g
はちみつ————————10g
オリーブ油————————20g

〈仕上げ〉
卵——————————1/2個
水切りヨーグルト————20g
麻の実————————10g
芥子の実————————10g
粗塩

作り方

ボウルにおからを入れてほぐし、強力粉、ドライイースト、塩を加えてよく混ぜる。
乳清、はちみつ、オリーブ油を加え混ぜ、均一になるまで軽くこねる。
ラップをして1時間ほどあたたかいところ（27〜30℃くらい）に置き、
倍の大きさになるまで発酵させる。
膨らんだ生地の中心に軽くげんこつを当ててガス抜きをする。
オーブンシートを敷いた天板の上に移す。
両手を広げ、爪を立てずに指先を生地全体に当てるようにして平たく伸ばす。
約1cmの均一な厚みの、やや細長い形にする。
もう1枚の天板をかぶせてさらに30分から1時間ほど、
倍の高さになるまで発酵させる。
卵を溶き、水切りヨーグルトを加え混ぜ、刷毛で表面にまんべんなく塗る。
麻の実、芥子の実を全体にかける。
霧を吹き、220℃に温めておいたオーブンに入れる。
途中、数回霧を吹きながら、約10分、表面がきつね色になるまで焼き、
粗塩をふる。

- 麻の実、芥子の実の代わりにいりごまとすりごまを使ったり、さまざまなナッツを混ぜてもおいしい。
- 乳清がない時は、水100gにプレーンヨーグルト20gを混ぜて作る。

牛肉とマンゴーの焼きトマトだれ

材料

牛赤身ステーキ肉（ランプ、ももなど）――――400g
マンゴー――――――――――1個
油（米油、オリーブ油など）
〈たれ〉
プチトマト（完熟で甘みの強いもの）――400g
赤パプリカ――――――――――1個
生赤唐辛子――――――――1〜2本
にんにく――――――――――1かけ
香菜――――――――――――数本
魚醬
酢
粗塩

作り方

たれを作る。
プチトマト、赤パプリカはへたをのぞき、焼き網にのせて直火で炙る。
プチトマトは皮がはじけて全体が黒くなり始めたら取り出す。
赤パプリカは全体が真っ黒になるまでしっかりと焼く。
それぞれ粗熱が取れたら皮をむき、パプリカは種を外して包丁で小さく刻む。
パプリカ、プチトマトを入れたボウルに、生赤唐辛子の小口切り、
たたいたにんにく、香菜の根のみじん切りを加え、魚醬と酢で好みの味をつける。
供する前にたれの味をととのえ、香菜の茎と葉を粗く刻んで加え混ぜる。
牛肉は焼くまでに室温に戻し、全体に薄く油をまぶす。
フライパンまたはグリルパンをよく熱し、中弱火で綺麗な焼き色をつける。
裏返して弱火にし、すべての面に焼き色がついたら取り出して5分ほどおく。
皿に牛肉を盛り、大ぶりに切ったマンゴーをのせる。
焼きトマトだれを添え、粗塩をふる。

- このたれは中国雲南省西双版納の旅で出会った、"木になるトマト"（タマリロまたはツリートマトと呼ばれるトマト近縁の果実）を使ったたれにヒントを得た。現地では山菜、きゅうり、キャベツなどを食べる時に添えていたが、肉（赤身の他、鶏肉や豚肉でも）、青魚、卵、なす、アボカドなど相性のよい食材は多い。
- たれは少し濃いめの味つけにしておくほうが味が締まる。

かつおとさくらんぼう、山椒の香り

材料

かつお（刺身用）————————1さく
さくらんぼう—————————20粒
白瓜——————————————1本
実山椒の塩漬け——————小さじ½
山椒の葉
酢
粗塩

作り方

かつおとさくらんぼうはともによく冷やしておく。
白瓜は皮と種をのぞいて薄切りにし、塩（分量外）をまぶす。
白瓜がしんなりとしてきたら水分をしぼり、酢と山椒の葉であえる。
かつおは皮をのぞき、さくらんぼうと同じくらいの大きさに切る
さくらんぼうは軸をのぞき、実山椒の塩漬けのみじん切りであえる。
皿にかつお、白瓜、さくらんぼうの順に盛り、粗塩をふる。

- 実山椒の塩漬けの作り方＝実山椒は軸を外して洗う。鍋に湯を沸かし、塩を加え、中火で10分ほど柔らかくなるまでゆでる。ざるに上げ、すぐに冷水にさらす。時々水を替え、かじってみて好みの辛さになったら（30分から1時間）ざるに上げて水気を切る。しっかりと水気を拭き、重さを量る。下漬け用に30％の塩をまぶして冷蔵庫でひと晩おく。ざるに上げて水気を切り、下漬け用の半分の塩をまぶして本漬けする。密閉袋または瓶になるべく空気が入らないように詰め、冷蔵庫で保存する。
- 少女時代、好きな果物はと問われれば、真っ先にさくらんぼうと答えるほど、さくらんぼうは夢の食べ物だった。熊本の庭でなる、暖地の品種のものは、甘みはほとんどないが、やはりあの姿かたちを見るだけでうれしくなる。溢れるほどさくらんぼうが穫れるヨーロッパでは、酢漬けにしたり、シロップ漬けにすることも多いが、果物の宝石はやはりそれ自体には手を加えずに、食べ合わせの楽しさを見つけるにとどめたいと思う。

やりいかのパッションフルーツソース

材料

やりいか(刺身用)————中2杯	香菜
パッションフルーツ————1個	シークワーサー
地きゅうり(他に白瓜、冬瓜、夕顔など)	青唐辛子酢
————中1本	オリーブ油
赤玉ねぎ————少々	粗塩

作り方

やりいかは足とエンペラを外し、胴の部分だけ使う。
皮をはいで洗い、水気をふいて冷やしておく。
表面に細かい鹿の子の切れ目を入れ、食べやすい大きさに切る。
地きゅうりは縦半分に切って種をのぞき、皮をピーラーでむく。
3ミリ厚さに切り、塩(分量外)をまぶし、青唐辛子酢であえる。
赤玉ねぎはごく薄切りにして冷水にさらし、水気をしっかりと切る。
香菜は葉だけを摘む。
皿に地きゅうりを平らに盛り、地きゅうりをあえた汁で赤玉ねぎをあえ、
上に散らす。
香菜を散らし、やりいかを切れ目を上にして盛る。
地きゅうりと赤玉ねぎをあえた汁にパッションフルーツの果肉と
オリーブ油を加え混ぜ、やりいかの上に回しかける。
シークワーサーを半分に切って全体にしぼり、粗塩をふる。

- 地きゅうりは熊本の在来種の大きなきゅうり。皮がややかたく、種が多いので皮と種はのぞいて使う。他に上記の瓜類を薄切りにして使うとよい。
- やりいかのかわりに白身魚の刺身で作ってもよい。
- 青唐辛子酢の作り方は37ページ参照。
- パッションフルーツは私が暮らす熊本でも作られており、身近な果物になった。マンゴーと同様、南国出身なので、唐辛子などの辛味や香菜、ミント、魚醤との相性がよいように思う。

赤パプリカのざくろ煮

材料

赤パプリカ————————小12個
ざくろ————————1個
オリーブ油
粗塩

作り方

ざくろは皮ごと麺棒などで叩くようにして実をボウルに落とし入れ、
洗って水気を切る(仕上げ用に少し取り分けておく)。
平鍋またはフライパンにオリーブ油を引き、
赤パプリカを丸のまま、重ならないように入れる。
ざくろの実をガーゼに包んで手で搾るか、ポテトマッシャーなどで搾って加える。
粗塩をふってふたをして、中火で蒸し焼きにする。
音がしてきたら弱火にし、下面にしわが寄ってきたら裏返して
さらに蒸し焼きにする。
全体に柔らかくなったら火を止める。
10分ほどおいて味をなじませ、パプリカを器に盛る。
煮汁をかけ、粗塩をふり、仕上げ用のざくろの実を散らす。

- 小さな赤パプリカがない場合は、赤ピーマンを使う。または、皮ごと黒くなるまでローストした赤パプリカの皮と種をのぞき、皿に広げて盛ったところにざくろの汁、実、オリーブ油、粗塩をかけてもまた別の味わいがある。
- 庭のざくろの老木は毎年たくさんの実をつけてくれるが、種が大きい品種のため、そのまま実をかじってもいまひとつおいしくない。そこで思いついたのが、中国やトルコなどの街角でしぼってくれるざくろジュースのように、果汁をしぼってから調味料として酸味づけに使う方法だ。パプリカの他、肉やなす、きのこなどを蒸し焼きにする時の隠し味にもいいだろう。

鶏肉のグリーンオリーブ煮

材料

鶏ぶつ切り肉(骨つき)	500g	白ワイン	1カップ
玉ねぎ	100g	オリーブ油	
にんにく	1かけ	粗塩	
ローズマリー	2枝	〈仕上げ〉	
グリーンオリーブ	30g(正味)	グリーンオリーブ	8個
ピスタチオまたは松の実	10g		

作り方

玉ねぎとローズマリーの葉は粗みじん切りにし、
にんにくは皮と芯をのぞいてつぶす。
鍋を中火で熱してオリーブ油を入れ、中弱火で鶏肉を皮目から焼く。
全体がきつね色になったら、玉ねぎ、にんにく、ローズマリーを加えて炒める。
ふたをして10分ほど蒸し炒めにする。
とろりとしたら白ワインを加えて煮立て、アルコールを飛ばす。
ふたをして弱火で30分ほど、鶏肉が骨からすんなり外れるくらいになるまで
蒸し煮にする。
グリーンオリーブとピスタチオまたは松の実を粗みじん切りにして加え、
数分煮る。
塩味をととのえ、仕上げ用のグリーンオリーブを丸のまま加え混ぜる。

・本来はうさぎの肉を使うレシピだが、ここでは手に入りやすい鶏肉を使っている。
・グリーンオリーブが新漬けの季節に作るとより香り高く仕上がる。

きのことごまのスープ

材料

好みのきのこ	400g	〈仕上げ〉
オリーブ油	40g	レモン ½個分
すりごま	40g	白ねりごま 20g
水	800g	白ごま 小さじ2
牛乳	200g	粗塩

作り方

きのこはかたいところがあればのぞいてから薄切りにし、
オリーブ油を引いた鍋に入れる。
粗塩をふって混ぜ、ふたをして中火にかける。
音がしてきたら弱火にし、20〜30分ほどかけてじっくりと蒸し炒めにする。
鍋底に張りつくくらいになったら、水とすりごまを加えて煮立てる。
ハンディブレンダーやミキサーで攪拌し、なめらかにする。
牛乳を加え、さらに攪拌してふんわりとした泡を立てる。
とろみがつきすぎていると泡立ちにくいので、その場合は水を適宜加えて、
さらりとさせてから攪拌する。
白ごまは、別の鍋などに入れて中強火でさっと炒り、香りを立てる。
スープを弱火で熱々にし、塩味をととのえる。
もう一度攪拌してふんわりとした泡を立て、温めた器に盛る。
レモンを全体にしぼり、白ねりごまを回しかけ、白ごまをふる。

・きのこはできれば原木のしいたけやまいたけなどを使うと濃い香りのスープができる。

焼きなすのくるみソース

材料

なす——————中4本	〈ソース〉
甘長唐辛子——————4本	くるみ——————40g
レモン	にんにく———小指の爪の先ほど
粗塩	ミント——————ひとつかみ
	オリーブ油
	粗塩

作り方

ソースを作る。
くるみは天板に広げ、予熱なしの170℃のオーブンで焼く。
時々混ぜながら10分ほど、果肉の内側にほんのりと焼き色がつくまで炒る。
(またはフライパンに入れて弱火でじっくりと炒る)
目の粗いざるの上で軽くこすって薄皮をざっと取り、手で粗く砕く。
くるみをにんにくと一緒にボウルに入れ、すりこぎでざっとつぶす。
粗塩をふり、とろりとするくらいまでオリーブ油を加え混ぜる。
なすは焼き網にのせて直火で焼く。
転がしながら、全体が黒焦げになり、芯まで柔らかくなるように焼く。
粗熱が取れたら皮をむき、大ぶりに切って皿に盛る。
甘長唐辛子をごく薄く切って散らし、レモンをしぼる。
ソースにミントの葉をはさみで刻んで加えて混ぜ、なすの上にかけ、粗塩をふる。

・なすは必ず直火で焼く。焼き網は網だけのシンプルなものを用いる。
・なすは焼くと皮が焦げてむきにくいが、水で洗うことはせず、焦げた皮がついた手を洗いながら皮をむく。また、焼きなすの香ばしい匂いを生かすために、なるべく皮は薄くむくようにする。
・甘長唐辛子のかわりにししとう、レモンのかわりに青い柑橘類、ミントのかわりにバジリコ、イタリアンパセリ、ディルなどを使ってもよい。
・くるみのソースはゆでたてのスパゲッティ、香ばしく焼いた田舎パン、蒸したじゃがいも、ゆで鶏、蒸した白身魚などにも合う。

アボカドの玉手箱

材料

アボカド―――――――――1個
みょうが―――――――――2本
すだち――――――――――2個
オリーブ油
粗塩

作り方

アボカドは柔らかすぎず、かたすぎず、ちょうどよい食べ頃のものを選ぶ。
みょうがはごく薄く小口切りにする。
皿の中心にみょうがを丸くこんもりと、
アボカドの種をくり抜いた部分でちょうど隠れるように盛る。
アボカドは縦半分に切り、種と皮をのぞく。
アボカドの切り口を下にして、みょうがを覆うように盛る。
すだちをしぼり、皮をすりおろし、オリーブ油をかけ、粗塩をふる。

- みょうが以外にもさまざまなものをアボカドの種の部分に閉じ込めることができる。他に生のとうもろこし、刻んだ奈良漬け、えごまの葉、香菜、小ねぎ、青唐辛子の酢漬けなど。1種でも、相性のよさそうな食材を組み合わせても、その日の気分で決めるとよい。

むかご・銀杏・パンプキンシード揚げ、スパイス風味

材料

むかご
銀杏
パンプキンシード
あおさのり(乾燥)
揚げ油(米油)
クミンシード
粗挽き唐辛子
粗塩

作り方

銀杏は割って殻をむき、取れるところは薄皮もむく。
鍋にむかご、銀杏、パンプキンシードを入れ、
揚げ油をかぶるくらい注いで中火にかける。
時々混ぜながらまんべんなく揚げ、
大きめのむかごに芯まで火が通ったら油を切る。
揚げ鍋の火を止めたらすぐにあおさのりを余熱で揚げ、
ふんわりとしたら油を切る。
器にあおさのりを盛り、むかごと銀杏とパンプキンシードを散らす。
粗く刻んだクミンシード、粗挽き唐辛子、粗塩をふる。

・ナッツは他に落花生、カシューナッツ、くるみ、松の実などを使ってもおいしい。

いちじくの落花生みそ

材料
いちじく
落花生ペースト
みそ

作り方
いちじくはよく冷やしておく。
いちじくを丸のまま皿に盛り、
別の小さな器に落花生ペーストとみそを合わせて盛る。
各自でいちじくを半割りにし、落花生みそをつけながら食べる。

・いちじくの他、ほんのり柔らかくなった柿で作ってもおいしい。
・落花生ペーストの作り方（作りやすい分量）＝殻を外した落花生200gは天板に広げ、170℃のオーブンで25分ほど炒る。中心までほんのり色づき、薄皮が簡単にはがれるようになったら取り出す。粗熱が取れたら薄皮をむき、フードプロセッサーなどに入れて攪拌する。しっとりとしたら油（くせのないもの。落花生油、米油、しらしめ油など）小さじ2を加えてねっとりとしたペースト状になるまで攪拌する。保存する場合は瓶に入れ、分量外の油をかぶるくらい注いで密閉し、冷蔵庫に入れる。好みで砂糖や塩を混ぜておいてもよい。
・日本のいちじくは淡い甘みなので、料理に使う時は生のまま、あるいは衣をつけて揚げるなどの調理法が適しているように思う。落花生やごま、かぼすやすだち、シークワーサーとの相性もよい。洋風であればオリーブ油とビネガー、ハーブなどと合わせたサラダや魚介の南蛮漬けと合わせてもおいしい。

梨とれんこんのあえもの

材料

梨(酸味と甘みのある品種) ─── 1個
れんこん ─── 小2節
みょうが ─── 大1本
塩
米酢
粗塩

作り方

梨はよく冷やしておく。
れんこんは皮をむき、ごく薄い輪切りにして酢水につけておく。
湯を沸かして塩と米酢少々を入れ、れんこんをゆでる。
再沸騰してからかたさを見て、ほどよい歯ごたえが残るくらいでざるに上げ、
酢と塩をまぶしておく。
みょうがは縦半分に切ってから縦にごく薄切りにし、
れんこんをゆでた湯でさっとゆでる。
水気をしぼり、酢と塩であえる。
れんこん、みょうがもよく冷やしておく。
梨は4等分のくし形に切り、皮をむいて芯をのぞき、横に薄切りにする。
器に梨、酢を切ったれんこん、みょうがを半量ずつ盛る。
さらに残りの梨、れんこんを盛り、みょうがを天盛りにする。
粗塩をふって供し、食卓でざっくりとあえる。

・れんこんは薄切りにせずに、丸のまますりこぎなどで軽く叩いてから、ひとくち大の乱切りにし、同じく乱切りの梨と組み合わせて嚙みごたえのあるように仕上げてもおいしい。
・みょうがのかわりに新しょうがと合わせるのもよい。
・日本の梨は、火を通すことを考えるよりも、断然、生のおいしさを生かした使い方を考える方がいい。切ってあえるほか、半分に切って皮をむいたものを切り口を下にして皿に盛り、上にナッツやチーズを散らして前菜として供するのも粋な食べ方だ。

柿とごま豆腐の揚げ物

材料

柿	中½個	
ごま豆腐	4切れ	
片栗粉		
揚げ油（米油または菜種油）		
青山椒		

〈衣〉
薄力粉 ———— 20g
片栗粉 ———— 20g
水 ———— 40g

〈たれ〉
白ねりごま ———— 20g
しょうゆ ———— 5g
はちみつ ———— 5g

作り方

柿はくし形に切り、へたと皮と種をのぞく。
ごま豆腐は、食べやすい大きさに切る。
それぞれに片栗粉をまんべんなくまぶす。
衣の材料をボウルに入れ、なめらかになるまで混ぜる。
たれの材料も小さな器に入れて、なめらかになるまで混ぜておく。
柿とごま豆腐に衣をたっぷりとまぶす。
小鍋に揚げ油を入れて中火で熱する。
柿、ごま豆腐の順に中火で揚げる。
衣がかりっとして、ほんのり色づいたら網に取り、油を切る。
たれを器にひとさじ盛り、柿とごま豆腐を盛り合わせ、青山椒を挽く。

- 柿のかわりにいちじく、ごま豆腐のかわりに落花生豆腐を使い、たれにピーナッツペーストを組み合わせてもよい。
- 果物は、衣をつけて揚げることで、食べた時にとろりとした食感が楽しめる。柿の場合は生で食べた時にほどよい柔らかさのものを。他にバナナ、マンゴー、桃なども揚げると新たなおいしさを発見できる。食べる時は、粗塩やスパイスをふるほか、ナッツを使ったペーストや、ワインビネガーとはちみつを混ぜたソースなどを添えてもおいしい。

揚げにんじんと干し柿のサラダ

材料

にんじん（あれば葉つき）————小8本
干し柿（柔らかいもの）————2個
ホワイトバルサミコ
揚げ油（菜種サラダ油、米油など）
〈ソース〉
干し柿————10g
ドライトマト————20g

プチトマト————10個
ハーブ
（イタリアンパセリ、コリアンダー、ミントなど）
にんにく
ワインビネガー
オリーブ油

作り方

にんじんは細ければそのまま、太ければ縦半分に切る。
葉は洗って水気を切っておく。
ソースを作る。
干し柿、ドライトマトはそれぞれひたひたの水につけて戻してから、小さく切る。
プチトマトも小さな賽の目に切り、ハーブはみじん切りにする。
刻んだものすべてをボウルに入れ、つぶしたにんにく、ワインビネガー、
オリーブ油を加えて混ぜておく。
鍋またはフライパンににんじんを入れ、
揚げ油をひたひたに入れて中弱火にかける。
じっくりと揚げ、切り口がほんのりと色づいたら裏返す。
芯までごく柔らかくなったら、キッチンペーパーを敷いた網に取って油を切る。
余熱あるいは弱火でにんじんの葉を揚げ、油を切る。
揚げにんじんと半分に切った干し柿を皿に盛り、
ホワイトバルサミコを少々かける。
ソースをかけ、揚げたにんじんの葉を散らし、粗塩をふる。

- ワインビネガーは赤白どちらでも。かわりに柿酢を使ってもよい。
- 干し柿のかわりに干し杏、干しぶどう、干しいちじくを組み合わせてもおいしい。
- くるみや松の実などのナッツを素揚げにして散らしてもよい。

ブロッコリーとカリフラワーのシチリア風

材料

ブロッコリー ———— 小1個(200g)	にんにく ———————— 1かけ
カリフラワー ———— 小1個(200g)	アンチョビ ———————— 大2枚
干しぶどう ———————— 40g	オリーブ油
松の実 ————————— 20g	

作り方

ブロッコリーとカリフラワーはかたい葉を落とす。
茎は皮をむいてひとくち大に切り、柔らかな葉もひとくち大にする。
花蕾の部分は小房に分け、たっぷりの冷水にひたしておく。
干しぶどうはひたひたの水に浸す。
松の実はオーブンシートを敷いた天板に広げ、
予熱をせず170℃のオーブンに入れる。
途中でいったん混ぜ、ほんのり色づくまで約10分炒ったら取り出し冷ます。
フライパンまたは平鍋の底全体にかかるようにオリーブ油を引き、
つぶしたにんにくを入れて中火にかける。
香りが立ったら、ブロッコリーとカリフラワーを、
水気を切りすぎないように入れて混ぜる。
ふたをして蒸し炒めにし、時々混ぜながら
へらで簡単にくずれるくらいまで火を通す。
いったん火を止めて、炒めたものを端に寄せ、アンチョビを溶かす。
水気を切った干しぶどうと松の実を加え混ぜ、塩味をととのえる。
さらにオリーブ油を全体に、艶々するまで加えて混ぜる。

・そのまま田舎パンと食べるほか、パスタのソースにしてもおいしい。
・ブロッコリーとカリフラワーは両方入れずにどちらか一方にしてもよい。
・干しぶどうと松の実の組み合わせは、シチリアや中近東の料理でよく見かける。いわしなどの青魚、かじきまぐろ、ひき肉、パプリカ、なす、玉ねぎ、青菜などと相性がよく、前菜、パスタ、主菜など、様々な料理のアクセントになる。

落花生豆漿風
<small>トウ ジャン</small>

材料

落花生————————200g（生・殻つき）
〈豆漿〉
豆乳（成分無調整）————————300g
にがり————————15g
〈仕上げ〉
鶏ガラスープ

高菜漬け（できれば古漬け）
干しあみまたは干し桜えび
小ねぎ
香菜

作り方

落花生は殻ごと鍋に入れ、水と塩（分量外）を加え（3％くらいの塩分濃度。
1ℓの水に大さじ2が目安）、ふたをして中火にかける。
煮立ったら20〜30分ほどゆで、火を止めてふたをしたまま10分ほど蒸らす。
食べてみてほどよいかたさになっていたらざるに上げ、殻をむく。
豆漿を作る。
冷やしておいた豆乳とにがりを小さい土鍋に入れ、へらなどで静かに混ぜる。
濃度がついたら弱火にかけて煮る。
まわりがふつふつと煮立ち始めたら火を止め、ふたをして10分ほどおく。
銘々の鉢に豆漿を取り分けて、上から沸騰した鶏ガラスープをひたひたに注ぐ。
落花生、細かく刻んだ高菜漬け、干しあみまたは干し桜えび、
粗く刻んだ小ねぎと香菜各少々を散らす。

- 食べる時に好みで黒酢やきび酢を数滴たらしてもよい。
- 中国や台湾の朝食屋でよく見かける豆漿は、本来は大豆をふやかしてすりつぶし、漉した液体を煮て作る。そうして出来上がった熱々の豆漿には、砂糖を入れてうっすらと甘くする甜豆漿<small>（ティエントウジャン）</small>と塩味の鹹豆漿<small>（シェントウジャン）</small>がある。塩味の方は、干しえびや香菜、小ねぎ、油條、酸菜、黒酢などを加えて食べる。ここでは日本で手軽に作れるように豆乳とにがりを使ったので、料理名に"風"とつけている。
- 落花生は、殻つきの生はゆでる、乾燥は素揚げするなどそれぞれの楽しみ方があると思う。我が家では年末に仲間が集まって餅つきをするが、その時の皆の一番の楽しみが、落花生と青のりを入れてつく豆餅だ。落花生ともち米を合わせて蒸し、途中で青のりと塩を加えてつくのだが、なまこ形に成形する前の"半殺し"（半分ついた状態）を熱々で頬張る瞬間は、1年頑張って過ごしたご褒美だといつも思うのだ。

糸こんにゃくの辛いごまだれあえ

材料

糸こんにゃく	150g
ピーマン(肉厚)	大1個
小ねぎ	5本
赤唐辛子	1本
ごま	大さじ2
菜種油または米油	大さじ2
花椒	小さじ1
粗塩	

〈芝麻だれ〉

芝麻醤またはねりごま	大さじ1
しょうゆ	大さじ1
きび酢	大さじ1.5
辣油または豆板醤	小さじ1
黒砂糖	小さじ½

作り方

糸こんにゃくはざるに入れて洗い、ゆでる。
再沸騰したらざるに上げ、流水でよく洗ってしっかりと水気をしぼる。
ピーマンはへたと種をのぞき、小さな賽の目に切る。
小ねぎは小口切りにする。
赤唐辛子はぶつ切りにする。
芝麻だれの材料を混ぜて鉢に入れ、小ねぎを散らし、
糸こんにゃくの水気をさらにしっかりと切って盛る。
ごまを炒って上に散らし、ピーマンをまわりに散らす。
糸こんにゃくの上に赤唐辛子をのせる。
油と花椒を小鍋に入れて弱火にかけ、じっくりと香りを出す。
薄煙が出てきたら火から下ろし、
間髪入れずに茶漉しなどで熱い油を赤唐辛子に当てるように漉してかける。
粗塩をふって供する。

- 糸こんにゃくのかわりに板春雨や葛切り、または細いうどんで作ってもよい。
- 芝麻醤は中国ではごまと落花生のペーストを合わせたもので、あえ麺や鍋物のたれなどに活躍する。日本のねりごまや中近東のタヒニと比べると、落花生の風味が加わるぶん濃厚な風味だが、ねりごまだけで代用してもおいしい。

鯛と塩柚子のタジン風

材料

鯛 ──── 4切れ	乾燥の大きな唐辛子(あれば) ── 1本
パプリカ(黄色) ──── 2個	塩柚子 ──── 4切れ
玉ねぎ ──── 1個	粗塩
しょうが ──── 1かけ	オリーブ油
にんにく ──── 1かけ	〈仕上げ〉
サフラン ──── ふたつまみ	イタリアンパセリ
ターメリック ──── 小さじ1	コリアンダー
クミンパウダー ──── 小さじ1	
チリペッパー ──── 小さじ½	

作り方

サフランはひたひたの水につけておく。
鯛は粗塩とターメリック、クミンパウダー、チリペッパーの半量をまぶす。
黄色いパプリカは丸のまま焼き網にのせて直火で焼き、
全体が黒くなったらビニール袋などに入れ、口を縛って蒸らす。
冷めたら皮をのぞき、縦半分に切って種を除く。(焼き汁は取っておく)
ふたがしっかりできる鍋またはフライパンにオリーブ油を引き、鯛を並べる。
みじん切りにした玉ねぎ、しょうが、にんにくとちぎった唐辛子を散らし、
塩柚子を間に入れる。
鯛を覆うようにパプリカを入れ、焼き汁をかけ、サフランは水ごと加える。
粗塩を軽くふり、オリーブ油を回しかける。
ふたをして中火にかけ、音がしてきたら弱火にして15分ほど蒸し煮にする。
煮汁がとろりとしたら味をみて、残りのスパイスと塩の加減をととのえる。
仕上げに刻んだイタリアンパセリとコリアンダーを散らす。

・ここでは、次ページのクスクスとともに供している。
・塩柚子の作り方＝柚子は小さければ半分、大きければくし形に切り、種を除く。柚子の重量の20%の粗塩を用意し、瓶に柚子と粗塩を交互に入れ、最後に塩をかぶせ、時々瓶をふり、塩をなじませて、塩が溶けきったら冷蔵庫で保存する。

カカオとドライフルーツと
ナッツのクスクス

材料

クスクス（あれば全粒粉のもの）——1カップ	シナモンスティック————1本
水————1/4カップ	カカオニブ————10粒
オリーブ油————10g	好みのドライフルーツ————1カップ
塩	好みのナッツ————1カップ
ローリエ————10枚	クミンシード————小さじ1/2

作り方

クスクスをボウルに入れ、水を少しずつ注いで指先でまんべんなく混ぜる。
オリーブ油を回しかけ、塩を少々加えてさらによく混ぜる。
ざるにオーブンシートを敷き、ローリエの半量を散らし、クスクスを入れる。
シナモンスティックをさし、残りのローリエを散らす。
蒸気の立った蒸し器に入れ、強火で15分蒸す。
カカオニブは薄皮をのぞき、粗く刻む。
干しぶどう以外のドライフルーツは5mm角に切る。
ナッツは香ばしく炒ってから粗く刻む。
クミンシードは粗みじん切りにする。
クスクスが蒸し上がったらローリエとシナモンをのぞき、
カカオニブ、ドライフルーツ、ナッツ、クミンシードを散らしてさらに1分ほど蒸す。
さっくりと混ぜて、煮込み料理などとともに供する。

- ここでは、前ページの"鯛と塩柚子のタジン風"とともに供している。ほかに、肉をトマトや唐辛子とともにじっくりと柔らかく煮込んだものと合わせてもおいしい。
- カカオニブはカカオ豆を焙煎した後、外皮と胚芽を取り除いて砕いたもの。砂糖や油脂が入っていないので、その苦みや香りを生かして料理のアクセントに使うとよい。ドライフルーツ、トマト味で煮込んだ肉料理との相性がよいように思う。
- ドライフルーツは干しいちじく、干し桃、干しぶどう、デーツなど。ナッツはピスタチオ、ヘーゼルナッツ、アーモンド、カシューナッツ、ごまなどから好みで組み合わせると良いだろう。

栗だご

材料（約10個分）

〈栗あん〉
栗 ——————— 100g（正味）
きび砂糖
（栗の甘さによる。ほんのり甘く感じるくらい）

塩 ——————— ひとつまみ
〈生地〉
小麦粉（地粉または薄力粉）——— 100g
水 ——————— 約50g

作り方

栗あんを作る。
栗は鬼皮のついた状態で40分ほどゆで、ゆで汁につけたまま粗熱を取る。
渋皮までむき、変色していたり、匂いがよくない栗は外す。
鍋に入れて、きび砂糖、塩を加えて弱火でやさしく混ぜながら煮る。
きび砂糖が完全に溶け、ややねっとりするくらいで火を止める。
生地を作る。
小麦粉をボウルに入れ、水を少しずつ加えて
耳たぶくらいの柔らかさになるまでこねる。
ボウルをかぶせて30分ほど寝かせる。
打ち粉をしたまな板の上で転がし、棒状にして、10等分に切る。
ひとつの生地を両手の親指と人差し指で丸く、平たく伸ばす。
直径5cmほどの大きさに伸ばしたら、
栗あんを10等分して丸めたものを入れてまん丸くなるように包む。
湯を沸かして栗だごを入れ、中火で10分ゆでる。
水気を切り、栗の葉の上にのせて供する。

- 熊本の自宅の庭で結婚式と披露宴を行ったのは9月半ば、熊本では栗が出回り始める時期だった。その日、地元のご婦人方が作ってくださったのが栗だごだ。栗あんを丸める、生地で包む、大釜でゆでる。大勢の女性たちの手で繰り広げられる一連の作業は神々しいほどで、私にとって結婚の日の一番の思い出となった。挨拶まわりで料理は殆ど食べられなかったが、栗だごだけはと、ウエディングドレス姿のまま、お座敷でひとつだけ、こっそり頬張った時の幸福感は何にもたとえようがない。娘の嫁入りの時にも栗だごをたくさんこしらえて、熱々のゆでたてを振舞いたいと思う。

豚肉のレモン塩釜焼き

材料

豚ロース塊	400g	卵白	2個分
にんにく	1かけ	塩(細かいもの)	200g
レモン	1個	〈仕上げ〉	
かぶ	小4個	レモン	
ハーブ(ここではオレガノ)	適量	オリーブオイル	

作り方

豚肉はにんにくのすりおろしをまぶし、レモンの薄切りを全体にはりつけて、焼くまで室温に戻しておく。
耐熱皿にハーブを敷き、豚肉をのせ、まわりにかぶを置き、ハーブで覆う。
卵白を角が立つくらいにかたく泡立て、塩を加えて混ぜる。
全体を覆うように泡立てた卵白をのせ、
さらに穴の空いたところがないように埋めていく。
160℃に温めたオーブンで、約40～50分焼く。
中心に金串を刺して5秒ほどおき、下唇に当ててみて熱く感じたら取り出す。
10分ほどおいて肉汁を落ち着かせてから、食卓で塩釜を割って供する。
肉を切り分けてかぶとともに皿に盛り、好みでレモンをしぼってオリーブ油をかける。

- ハーブは他にローズマリー、ローリエ、タイムなどが合う。
- 豚肉のかわりに魚や鶏肉や牛肉、かぶのかわりに小さなじゃがいもやさつまいも(火の通りが心配な時はあらかじめ蒸しておく)を使ってもおいしい。
- レモンは野菜、肉、魚、果物、乳製品など、多くの食材と相性がよく、様々な国で様々な形で重宝されている柑橘のひとつだと思う。塊の肉や丸々1尾の魚などの塩釜焼きをする時、レモンの薄切りを主素材の表面に貼り付けておくと、塩味が染み込みすぎるのを防ぐほか、ほんのりと爽やかな香りを移すこともできて一石二鳥だ。レモンの他、柚子やみかんなどを使ってもおいしく、"ぶりのみかん塩釜焼き"なるものをよく作っていた時期もあった。煮込む料理の場合は、生のレモンは苦味が出やすいので、塩漬け(23ページの作り方参照)にしてから加えるようにする。

小みかんのサラダ

材料

みかん（なるべく小さなもの）
小ねぎ
赤唐辛子
オリーブ油
赤ワインビネガー
粗塩

作り方

よく冷やしておいた小みかんは皮をむき、真横に半分に切る。
切り口を上にして皿に並べる。
小ねぎを斜め薄切りにして散らし、赤ワインビネガーをふる。
赤唐辛子は種をのぞいてごく細い小口切りにして散らし、
オリーブ油を回しかける。
これを数回繰り返してから、よく冷やしておく。
供する前にさらにオリーブ油を回しかけ、粗塩をふる。

- できるだけ小さなみかんを使うと、薄皮が柔らかく、頬張った時にみかんの汁が口の中いっぱいに広がる。
- イタリアのオレンジのサラダをヒントに考えた料理だが、みかん独特の香りと皮の柔らかさが日本らしい。オレンジのサラダにはサラダ玉ねぎや赤玉ねぎを組み合わせるが、みかんには小ねぎの青い香りがよく合う。
- フリット、豚肉や青魚のグリル、トマトで煮込んだ豚肉などのつけあわせに。パスタとこのサラダだけの組み合わせもよい。
- みかんの白いわたは栄養があるので普段はつけたまま食べるが、料理やお菓子に使う時は丁寧に取り除いておくと出来上がりの食感がまったく違う。近頃のみかんは薄皮が薄いこともあり、まるで果肉だけをそのまま食べているような錯覚に陥るのだ。みかんは皮をむいたら水につけてふやかしておくと、綺麗に白いわたや筋が取れて、まさに一皮むけた透明感のある美少女のような面持ちになる。

さといもとかぼちゃと
ピーカンナッツのカナッペ

材料

さといも

かぼちゃ

ピーカンナッツ

バター

粗塩

作り方

ピーカンナッツはオーブンシートを敷いた天板に広げる。

予熱なしの170℃のオーブンで8〜10分、うっすらと焼き色がつくまで焼く。

バターは使う直前まで冷凍庫で冷やしておく。

さといもは皮ごと、かぼちゃは種とわたを除いて皮ごと蒸す。

柔らかくなったら、冷ましておく。

さといもは皮をむき、かぼちゃは皮をつけたまま、手でつまみやすく、

食べやすい大きさに切る。

かぼちゃとさといもを皿に盛る。

それぞれの上に、バターの薄切りとピーカンナッツをのせ、粗塩をふる。

- 蒸した野菜を熱々で食べたい時は、野菜を蒸し器ごと食卓に出し、冷たいバターと炒ったピーカンナッツを別皿に盛って各自で添えながら食べるとよい。
- 野菜はほかにさつまいも、栗、にんじん、かぶ、ゆりねなど。どっしりとした田舎風のパンにバターとピーカンナッツをのせるのもとてもおいしい。
- 20代の頃、シチリアの小さな村で暮らしていた時に、居候先の裏庭に大きなピーカンナッツの木があった。生の実を拾ってむき、同じく庭にあった桑の実のジャムや羊のチーズとともに食べた時の驚き。甘い香りの硬質小麦のパンに、冷たいバターとピーカンナッツをのせ、塩をふって食べるのも好きだった。あまりなじみのないナッツは、刻んで料理に混ぜ込んでしまうよりも、まずはそのままの形や香り、味を存分に味わう方がいい。その個性を十分に理解したところで、すりつぶす、加熱するなど次なる階段を上りたいと思う。

りんごのピッツァ

材料（30×30cm程度の天板1枚分）

〈生地〉
強力粉————————100g
塩——————————2g
牛乳—————————65g
オリーブ油————————20g

りんご（ソテー分）——————小2個
りんご（削る分）——————½個分
バター—————————20g
チーズ（ここではコンテ）————50g
シナモンスティック
オリーブ油
粗塩

作り方

強力粉と塩をボウルに入れて混ぜ、中央をくぼませる。
牛乳を加えてフォークなどで混ぜる。
ある程度なじんだらオリーブ油を加え、ひとまとめにする。
生地がなめらかになるまでよくこね、
ラップをしてあたたかいところ（27〜30℃くらい）で30分ほど寝かせる。
ソテー分のりんごは1cm厚さのくし形に切り、
バターを入れて中弱火で熱したフライパンに並べる。
香ばしい焼き色がついたら裏返し、両面とも同様に焼けたら火を止める。
オーブンに天板を入れ、250℃に温める。
オーブンシートに生地をのせ、麺棒で2mm厚さの好みの形にのばす。
りんごのソテーを並べ、チーズの半量をすりおろし、
生のりんごを目の粗い野菜削り器などで全体に削る。
シナモンを削り、オリーブ油を回しかける。
温めておいた天板にのせ、約8分、縁がこんがりするまで焼く。
粗塩をふり、残りのチーズをすりおろし、熱々を供する。

・りんごのかわりに洋梨や栗で作ってもおいしい。
・りんごは生でも煮ても焼いてもおいしいが、それはデザートに限ったことではない。たとえば、果肉をバターで炒めて米と混ぜ、香りづけにりんごを入れて取った鶏のスープで炊くリゾットは秋のご馳走だ。

焼きバナナのチーズフォンデュ

材料

バナナ(完熟)——————4本
〈ソース〉
チーズ(牛乳製セミハード)——————40g
生クリーム——————80g
バター——————20g
粗塩

作り方

バナナは皮ごと耐熱皿にのせ、250℃に予熱したオーブンで10分ほど、黒くなるまで焼く。
ソースを作る。
チーズは、目の粗いチーズ削りやピーラーで削るか、ごく薄切りにする。
鍋に生クリームを入れて中火にかけ、温まったらチーズを加えて混ぜながら弱火で煮る。
チーズが溶けたらバターを加え、なめらかになるまで混ぜる。
熱々のバナナを皮ごと皿に盛り、上の皮をそっとはがす。
熱々のソースを果肉にかけ、粗塩をふる。

・チーズはコンテ、ラクレット、グリュエール、エメンタールなどが合う。
・日本で出回っているバナナは甘いので、塩味の料理に使うことはあまりないかもしれないが、皮ごと焼いてとろとろになった果肉は乳製品と組み合わせると独特のおいしさがあるように思う。

黒揚げ

材料

〈生地〉
黒ごま————————20g
ひじき(戻したもの)————100g
のり————————全形4枚
片栗粉————————10g
薄力粉————————10g
炭酸水————————約20g

揚げ油(ごま油、米油、菜種油など)

〈仕上げ〉
黒すりごま
黒ねりごま
しょうゆ

作り方

ボウルに黒ごま、ひじき、小さくちぎったのりを入れて混ぜる。
片栗粉と薄力粉を加えて混ぜ、さらによく冷やした炭酸水を注いで混ぜる。
生地を8等分してスプーンの上で5cm大の円形にまとめ、
中火で熱した揚げ油に入れる。
下の面がかりっとしたら裏返し、もう一面もかりっとなるまで揚げる。
箸で叩いてかたくなっていたら、キッチンペーパーを敷いた網に取り、油を切る。
皿に盛り、黒すりごまをかけ、黒ねりごま、しょうゆをつけていただく。

・乾燥ひじきを使用する場合、水に戻すと約3倍になる。
・ごまは、黒、白、金で微妙に香りが違うので、それぞれを味わってみて、素材との相性を決めるとよいだろう。
・ある日、とあるインドの建築家をお招きして料理を作ることになった。彼の建築は、風土や自然、素材、職人、あらゆることに対して独特の理解に基づいていると私は捉えているが、"色"もその中の大きな要素のひとつである。私は料理においてその"色"をどのように表すべきなのだろう? そう考えながら生まれたのがこの黒揚げである。黒い海の幸と山の幸を合わせ、黒い調味料でいただく。新しいレシピを考える時、ゲーム感覚で素材を頭の中で並べてみることは少なくないが、出来上がった料理の味だけは、決してゲームの延長ではなく、ただただ、"おいしい"という素直な気持ちにつながっていって欲しいと思っている。

豚肉とカシューナッツの腐乳蒸し

材料

豚肉(肩ロース、ばら肉を半量ずつ)	150g
カシューナッツ	30g
えび	50g(正味)
たけのこ	50g(正味)
ねぎ	25g
しょうが	25g
卵	½個
腐乳の漬け汁または漬け油	10g
酒	10g
塩	小さじ½

〈仕上げ〉

腐乳 ———— 1かけ

作り方

豚肉は包丁で粗く刻む。

えびは頭、殻、背わたをのぞき、粗く刻む。

たけのこは下ゆでし、皮をむいて粗く刻む。

ねぎ、しょうがは粗みじん切りにする。

カシューナッツは手で半割りにする。

すべてをボウルに入れ、卵、腐乳の漬け汁または漬け油、酒、塩を加えてよく練る。

蒸し皿にのせ、約3cm厚さの円形になるようにととのえる。

蒸気の立った蒸し器に入れ、強火で10分蒸す。

串を刺して透明の汁が出てきたら取り出し、

仕上げの腐乳を中心にのせて熱々を供する。

- この料理は、今は亡き、私の尊敬していた飛び切り料理上手の人生の先輩が、「香港の料理がうまいおばちゃんから習ったんだ」と言って作ってくれた"豚ひき肉の腐乳蒸し"を自己流に、ちょっと具沢山にして作ってみたものだ。彼は、えびの代わりに"カピ"というオキアミやえびに塩を加えて発酵させた調味料をひき肉に混ぜていたので、アミの塩辛などを入れてもよいと思う。私は実はえびがあまり得意ではないが、この料理に生のえびを入れると色、香りともにほどよいアクセントになってくれる。それにしても、彼ほど料理がうまく、美しく、優雅な人は後にも先にも出会うことはないだろう。亡くなってもう何年もの時が流れたが、いつまでも私の心の師であり続けている。

きんかんと不知火の蒸しずし

材料

米	1カップ
酒	大さじ1
きんかん	10個
酢	50g
にんじん	中1本
不知火のしぼり汁	15g
塩	小さじ½
白ごま	大さじ2

〈具〉

卵	4個
砂糖	大さじ4
塩	
米油	大さじ1
菜の花	

作り方

米をとぎ、ざるに上げて30分ほどおく。
きんかんはへたと種をのぞき、小さな賽の目に切って酢に漬ける。
にんじんは粗みじん切りにし、不知火のしぼり汁と塩であえておく。
米を鍋に入れ、酒＋水が1カップになるように水加減をする。
ふたをして中強火にかけ、沸騰したらごく弱火で13分炊いて火を止める。
10分蒸らした後、濡らした飯台に移す。（おこげができていたらのぞく）
きんかんとにんじんを漬け汁ごと加え、あおぎながら切るように混ぜる。
最後に香ばしく炒った白ごまを加え、さっくりと混ぜる。
おすしを茶碗にふんわりと盛り、せいろに並べて強火で10分蒸す。
具を作る。卵を割り、砂糖と塩を加えて溶く。
フライパンを熱し、米油を入れて卵液を流し、箸を何本かまとめて持って
中弱火でまんべんなく混ぜながらきめ細かな炒り卵を作る。
菜の花は色よく塩ゆでして、先の柔らかな部分は飾り用に分け、
茎は小口切りにする。
蒸したおすしの上に刻んだ菜の花の茎と炒り卵をのせて1分ほど蒸す。
取り出して、飾りの菜の花をあしらう。

・きんかんの酢漬けは白身魚のマリネや、南蛮漬け、にんじんや大根、白菜などのサラダに合わせてもおいしい。きんかんは米酢、白ワインビネガー、シャンパンビネガーなど、白い酢とは格別相性がよい。

本当に、数え切れない数の果樹を植えたことを今更ながら思い出す。

あれから月日が流れ、何本かの木や苗は、土地に合わず、あるいは手入れが行き届かず枯れてしまったが、多くの木はここ数年で採りきれないほどたくさんの実を結ぶようになっている。

よちよち歩きをしていた娘は、ブルーベリーや野いちごを摘んでは、その小さな口を甘酸っぱい蜜でいっぱいにしているにすぎなかったが、いまは屋根の上にも届きそうに伸びたすももの木に登る私の下で、かごを抱えて実を受け止めてくれるようになった。

そのうち、脚立に登るのは、私よりもずっと背が高くなった彼女の役になるだろう。料理をし、ジャムを煮て、お菓子を焼くようになる日も、もうきっと遠くはない。

そんな彼女がいずれは母になり、新たないのちを産み、しっかりと太く育った木々の実を母子でもいで、口いっぱいに頬張ってくれたら。

果実は、幸福のしるし。
きっと娘も思うだろう。
連綿と繋がってゆく、幸福のしるし。

epilogue

――そして、それは現実となった。

南の地へ、嫁いだ私を迎えてくれたのは、大きな、大きな庭だった。

見渡す限りの木、草、花。

むせかえるような自然の息吹で満ち溢れていた。

季節ごとに実をつけてくれる。

いずれも古くて、実をもぐのが困難なほど大きな木ばかりが庭の其処此処にあり、

初夏に木々の下を歩けば、勢いよく伸びてきた緑の下草の中に、真っ赤な野いちごが煌めき、

秋には小さな山栗が砂利道に転がっている。

そして、娘を身ごもり、一つのいのちを産み落とした私は、彼女のためにもっとたくさんの果樹を植えたいと願うようになった。

果物の木もある。

梅、柿、栗、金柑、ざくろ。

みかん、柚子、はっさく、不知火、レモン、かぼす、すだち、へべす、晩柑、オレンジ、大実の金柑、ブルーベリー、ラズベリー、ブラックベリー、ジューンベリー、ワイルドストロベリー、紅葉いちご、桑、びわ、桃、すもも（ソルダム、ハニーローザ、太陽）、あんず、白いちじく、黒いちじく、ぶどう、オリーブ、あけび、ぐみ、棗、銀梅花、さるなし、かりん、くるみ、アーモンド、ぽろたんという新しい品種の栗。

記憶を辿りながら書き出してみれば、

細川亜衣（ほそかわ・あい）
料理家。住まいのある熊本taishojiにて
料理教室や衣食住にまつわるイベントを主宰。
https://www.taishoji.com
日本や海外の各地でも料理教室や料理会を行っている。
著書に『食記帖』『スープ』『野菜』『パスタの本』など。

Special thanks
出野尚子
平山千晶
高木花文

果実

2019年5月1日　初版第一刷発行

著者／細川亜衣
写真／在本彌生
アートディレクション／田中義久
デザイン／竹廣倫
編集／大嶺洋子
発行人／孫家邦
発行所／株式会社リトルモア
〒151-0051
東京都渋谷区千駄ヶ谷3-56-6
電話 03-3401-1042
ファックス 03-3401-1052
http://www.littlemore.co.jp

印刷／株式会社八紘美術
製本／株式会社渋谷文泉閣

乱丁、落丁本は送料小社負担にてお取り替えいたします。
本書の内容を無断で複写・複製・引用・データ配信などすることは
かたくお断りいたします。

Printed in Japan
©2019　Ai Hosokawa
ISBN978-4-89815-501-1　C0077